L'ŒUF À LA KOK

Dans la même collection « littérature étrangère »
– domaine italien –

Franco Ferrucci
Lettre à un adolescent sur le bonheur, 1995
Un amour singulier, 1997

Fruttero & Lucentini
La Prédominance du crétin, 1988
La Signification de l'existence, 1988
La Sauvegarde du sourire, 1989
La Chose en soi, 1989
Le Retour du crétin, 1993

Pier Paolo Pasolini
Qui je suis, 1995
La Longue Route de sable, 1999
Médée, 2002

Alberto Vigevani
Une brève promenade, 2002

Aldo Buzzi

L'ŒUF À LA KOK

Recettes, curiosités, secrets de grande et de basse cuisine, de la salade à l'eau au potage aux vermicelles de la pension de famille, d'Apicius à Michel Guérard, d'Alexandre Dumas à Carlo Emilio Gadda, du curé de Bregnier à saint Nicolas de Flue

avec quatorze dessins de Saul Steinberg

Traduit de l'italien par Christophe Mileschi

arléa

16, rue de l'Odéon, 75006 Paris
www.arlea.fr

L'éditeur remercie ceux qui ont rendu possible
la reproduction des dessins de Saul Steinberg

ISBN 2-86959-600-6

Sommaire

Sopa de lima

C'était par une belle journée de printemps. Le ciel était, comme dit Ferravilla[1], couleur papier buvard. Il faisait chaud, on se serait cru là-bas... à Mérida, dans le Yucatán (Mexique). Je traversai le patio de l'hôtel ; au milieu du carré de verdure, il y avait une imitation de puits sur laquelle étaient perchés deux grands perroquets trop diversement bariolés. Dans la rue éblouissante de soleil, parmi les ombres noires et courtes de midi, j'arrêtai une carriole incroyablement étroite (elle n'existait que de profil) et me fis amener au *Dos Tulipancitos*, le meilleur restaurant du coin. Spécialité : la *sopa de lima*, la soupe de lime, exquise, légère, belle à voir et, quoique chaude, parfaite même sous la chaleur des tropiques.

Lime est le nom d'un petit citron tropical, parfaitement rond, de la taille d'une balle de golf, d'un vert grenouille, juteux, au goût différent de celui du citron. En italien ça se dit *lima*,

1. Edoardo Ferravilla (1846-1916) : célèbre acteur comique du théâtre milanais. N.d.T.

pluriel *lime*, mot qui correspond à l'espagnol *lima*, pluriel *limas*, à l'anglais *lime*, pluriel *limes*, au français lime, pluriel limes. Le premier sens du mot lime (le seul, ou presque, qu'on trouve jamais dans les dictionnaires) désignant l'outil en acier que tout le monde connaît, l'idée d'une soupe de limes est, de prime abord, d'une absurdité repoussante. S'agissant du fruit, on dit en français *la* lime. Comme en italien, qu'il s'agisse de l'outil ou du fruit, le mot « lime » est féminin. Ce serait plus logique si le fruit s'appelait *limo* : le citron, en italien *limone*, redeviendrait alors ce qu'il est de toute façon : un *limone*, un gros *limo*[1].

Il y a plusieurs années que je me dis que j'aimerais avoir de nouveau l'occasion de déguster une *sopa de lima*. Mais ce n'est pas si simple : ce qui manque avant tout, ce sont les limes, qu'on ne trouve que chez quelques maraîchers de luxe. C'est avec de la lime qu'on prépare le daiquiri ; si on utilise du citron, on n'obtient qu'un daiquiri postiche.

Pour avoir la recette de la *sopa de lima*, j'écris à Carletto Tibón, dont à l'époque j'avais fait la connaissance à Ciudad de México, et qui m'avait conseillé la *sopa* lorsque j'étais allé manger (fort bien) chez lui. De nombreuses années ont passé, et Tibón s'est retiré à Cuernavaca.

1. Le suffixe italien « -one » est un augmentatif : *gatto* (chat), *gattone* (gros chat).

Cher Monsieur Buzzi,

J'ai bien reçu votre message : si j'étais gentil, je vous dirais que je me souviens parfaitement de vous. Mais en fait, je ne me souviens de rien, pas même que vous étiez trois lorsque vous êtes venus faire votre tournage dans le Yucatán. Patellani, un marquis de Gênes, Lattuada, la sœur de notre cher ami[1]. Et vous ? Envoyez-moi une photo de vous pour réveiller ma mémoire fatiguée. Votre visite doit avoir eu lieu il y a bien longtemps, lorsque je vivais encore chez ma mère, qui était arrivée ici après avoir quitté Monte Olimpino (Cardina) en 1956. [...]

Pour ce qui concerne la *sopa de lima*, je vais essayer d'en demander la recette à des Yucatèques et je vous la recopierai au bas de cette lettre.

Je l'ai essayée : elle est légère et savoureuse. Reste le problème des limes. Nous en recevions régulièrement de Sicile et de Rossano Calabro, les premiers fruits de novembre, si je ne m'abuse. Les tortillas, qu'il faut couper en lanières, peuvent très bien être remplacées par des rubans de crêpes ; en Autriche, on fait une soupe avec de fines tranches d'omelette. Dans le cas qui nous occupe, il faut rouler la tortilla (*taco*) et ensuite la couper. Mais pour la *sopa* dont vous me parlez, il faut faire frire la tortilla dans l'huile

1. Patellani est connu sous le nom de comte Frédéric, photographe et journaliste lombard parmi les plus célèbres à l'époque, et Lattuada est la sœur du réalisateur Alberto Lattuada.

jusqu'à ce qu'elle devienne croquante. En Italie, on pourrait faire, à la place, des pommes frites allumettes, ou des tranches de pain grillé.

Voilà justement la recette qui m'arrive :

On fait cuire dans de l'eau salée des blancs de poulet, avec oignon et ail.

On fait revenir des tomates coupées en dés et on les jette dans le bouillon, pour lui donner de la couleur, en même temps que des tranches de lime aigre.

Une fois que les blancs de poulet sont cuits, on les découpe en tranches fines. On fait frire (griller) les lanières de tortillas.

On ôte du bouillon les oignons, les limes et l'ail.

Dans un plat creux on dispose les blancs de poulet et les tortillas émincés, et on recouvre le tout avec le bouillon.

On sert avec des limes coupées en deux, et le convive en presse le jus à son gré dans le bouillon.

Je pense qu'en Italie, on pourrait n'utiliser qu'une ou deux limes pour le bouillon, et prendre ensuite du jus de citron.

Je ne peux pas vous en dire davantage. Je m'y connais un peu en cuisine, mais seulement du point de vue théorique. Quant à la pratique, je ne sais rien faire.

Avec mes salutations les plus cordiales.

À ma réponse fit suite une autre lettre de Tibón.

Cher Monsieur Buzzi,

Bien que votre lettre me dispense d'une réponse, je vous l'envoie quand même pour rester à jour avec mon courrier.

Les limes que nous utilisions nous arrivaient de Rossano Calabro. Il y avait un pharmacien (qui par la suite a, je crois, été tué par les partisans) qui s'appelait Rizzo Corallo. Mais vous pourriez écrire au maire du village, et aussi demander à la chambre de commerce de Catane, ou de Palerme, pour savoir qui en cultive et qui en exporte.

Du reste, comme je crois vous l'avoir déjà écrit, la *sopa de lima* est une innovation yucatèque, autrement dit, ce n'est pas un mets traditionnel. Mais vu le succès qu'elle remporte, on la trouve maintenant dans tous les restaurants. [...]

J'ai écrit un grand nombre de recettes de cuisine, pour un petit journal de mode qui appartenait à mes amis les Garzanti. C'étaient des recettes effroyablement compliquées qui s'achevaient toujours par « jeter le tout dans le bac à ordures et se rendre jusqu'à la rôtisserie la plus proche ». [...]

Meilleures salutations depuis l'extrême chaleur de Guernavaca.

J'ai reçu les limes. Pour la soupe, au lieu des pommes allumettes ou des rubans d'omelette, j'ai utilisé des *piadine* à la romagnole faites à la maison sur la plaque, que j'ai coupées en bandes d'un centimètre de largeur, en faisant bien attention à ne pas les casser ; puis je les ai fait griller, sans les laisser brûler, sur la plaque. Je n'ai ôté ni l'oignon coupé en deux, ni les deux petites tranches de lime. L'important est que le bouillon soit excellent, comme il l'est toujours dans les pays pauvres : Mexique, Abruzzes... Après, quand le progrès arrive, le poulet se transforme en bouillon-cube.

Comme apéritif, j'ai préparé un daiquiri : un petit verre de *ron* (rhum) Bacardi carte blanche, le jus d'une demi-lime et une demi-cuillerée à café de sucre. On passe rapidement le tout au mixeur avec de la glace (sèche !) avant de le verser dans une petite coupe de cristal qu'on aura d'abord laissée un bon moment au congélateur et dont le bord aura été généreusement trempé dans de la glace pilée. La couleur du daiquiri est la même que celle de l'eau gelée, avec les vagues reflets jaune-vert du jus de lime : une transparence nacrée que Manet aurait su peindre comme personne.

Pour les *piadine*, on a besoin d'une plaque de fer pas trop mince (environ un millimètre d'épaisseur), qu'on met sur le feu ou sur le gaz. Celles qu'on peut acheter en Romagne sont rondes, d'un diamètre de trente centimètres environ, et pourvues de deux petits manches.

Pour quatre *piadine* : deux cents grammes de farine, vingt-cinq grammes de saindoux, une demi-cuillerée d'huile (on peut aussi n'utiliser que de l'huile : environ deux cuillerées), une pincée de sel, de l'eau chaude.

Dans une jatte, mélangez farine, huile et saindoux, en ajoutant l'eau peu à peu. Versez le mélange sur le plan de travail et pétrissez à la main jusqu'à obtenir une pâte lisse qui ne colle pas aux doigts. Divisez la pâte en quatre. Prenez une boule de pâte, étalez-la au rouleau à pâtisserie pour obtenir une mince galette ronde, que vous posez sur la plaque bien chaude en la piquant avec une fourchette pendant la cuisson pour que les bulles d'air se dégonflent au fur et à mesure qu'elles se forment. Après une minute, retournez la galette en l'attrapant par le bord qui, par magie, se soulève de lui-même, et faites-la cuire une minute de l'autre côté. On mange cela comme du pain, ou comme les Mexicains mangent la tortilla en l'enroulant autour d'une farce : fromage, jambon, légumes cuits, quelque chose de piquant... tout ce que l'imagination, aiguisée par l'appétit, peut inventer.

Salade à l'eau

Viande et légumes : un beefsteack sur le gril ou une « escalope à la paillard » accompagnée de salade : une salade de tomates assaisonnées de sel, poivre noir moulu gros et vinaigre rouge (sans huile) ; et une salade verte assaisonnée à la toscane : uniquement à l'huile (d'olive, ça va de soi) et au sel.

Ici, je me permets de vous donner un conseil que d'habitude les gens écoutent avec méfiance, et suivent rarement : huile, sel et *un peu d'eau.* L'eau ne noie pas la saveur de l'huile, elle la met au contraire en relief. Après avoir lavé la salade, lorsqu'on l'essore dans la petite nasse en fil de fer prévue à cet effet (qu'on appelle aussi... le panier à salade) ou dans une serviette, il faut laisser un peu d'eau. Avec l'huile et le sel, cette petite quantité d'eau donnera alors un assaisonnement parfait (la même chose vaut pour le céleri ou le fenouil coupés en petits morceaux). Servez les deux salades préparées de cette façon dans deux saladiers distincts, et, bien entendu, mangez-les en même temps.

Lorsqu'il me fut donné d'exposer cette théorie dans un aristocratique club de Jermyn Street, à Londres, des « cris chuchotés » (je ne sais si cette expression rend bien l'idée) s'élevèrent (des bouches qui étaient vides à ce moment-là) parmi les commensaux : *« Unbelievable ! That's odd ! Ominous ! By Jove ! Preposterous ! »*

Mais dans un deuxième temps, après avoir mis la main, non sans difficulté, sur de l'huile d'olive extra-vierge, nous sommes passés de la théorie à la pratique, et d'autres « cris chuchotés » vinrent marquer la satisfaction générale : *« Terrific ! Fantastic ! Fabulous ! My goodness ! »*...

Parlons encore de viande et de légumes.

« Un homme qui bosse chaque jour que Dieu fait, on ne peut quand même pas lui donner à manger que des légumes ! »

« Ce qu'il faut, c'est de la viande, parce que, la viande, ça renforce le sang. »

« Tu parles ! Mon mari – paix à son âme –, si je ne lui préparais pas sa viande tous les jours, je me prenais une sacrée raclée. »

C'est sur ce dialogue, en soi insignifiant, que s'achève le film de Fellini, *Il Bidone.* Il s'agissait de donner l'idée d'une conversation anodine autour de choses sans importance, incompréhensibles pour Broderick Crawford en train de mourir un peu plus bas, dans le fossé, au bord de la route sur laquelle passe un groupe de pay-

sannes. Traduites et jouées en sarde, les répliques devinrent pleinement ce qu'elles étaient supposées être : à la fois incompréhensibles et pleines de sens : l'essence même de la vie, qui en définitive se révèle merveilleuse pour celui qui est sur le point de la quitter à jamais.

Quand le film a été projeté en Sardaigne, l'effet attendu n'a pas eu lieu. Tout le monde, y compris le moribond, reconnaissait distinctement qu'il s'agissait de petites discussions de bonnes femmes : « Un homme qui bosse chaque jour que Dieu fait, on ne peut quand même pas lui donner à manger que des légumes ! » « Ce qu'il faut, c'est de la viande... »

Tout Italien sait cela : une « paillard » est une mince tranche de viande de veau (ou de bœuf, comme cela se faisait à l'origine) que l'on cuit au gril, et que l'on sert avec du poivre, du sel et du citron. Monsieur Paillard – dont en Italie on estropie de plus en plus fréquemment le nom en le simplifiant en Paiard ou Paiar (en compagnie, du moins sur les menus écrits à la va-comme-je-te-pousse, des œufs « à la kok », des « cnac », du « asci » de bœuf à la « Métro d'Otel », etc., etc.) –, autrefois propriétaire d'un fameux restaurant à Paris, sur le boulevard des Italiens, et qui avant cela avait été chef au Ritz, n'a pas fait grand-chose pour gagner l'immortalité. Sauf en Italie. En France, gastronomiquement parlant, Paillard ne veut rien dire.

Avgolémono

Le soleil venait de se coucher. Le chauffeur, Mihalis Hanzidiaco, fit un tour rapide du port (de Rhodes) pour nous permettre de jeter un coup d'œil sur la vieille ville.

– Et le *Colosse* ?, demandai-je.

– Il n'existe que sur les cartes postales.

La véritable cause de l'écroulement du *Colosse* – cause qui aujourd'hui menace de faire disparaître nombre d'autres monuments célèbres – a été mise en lumière par Flaiano dans son *Journal nocturne.* « On estime que le Colosse s'est écroulé lors d'un tremblement de terre. Mais ce n'est qu'une partie de la vérité. Le *Colosse* de Rhodes s'est écroulé à cause des inscriptions que les touristes gravaient, avec leurs noms, à sa base. Les inscriptions devenant de plus en plus nombreuses et vulgaires au fur et à mesure que les siècles passaient, elles minèrent sa résistance. Le tremblement de terre ne fit qu'achever le travail. »

Rhodes est la ville des roses. Nous longeâmes

le vieil hôtel des Roses. Nul parfum de roses dans l'air, mais plutôt l'arôme que dégage le bon millier de broches, brochettes et grils en pleine action dans la vieille ville aussi bien que dans la nouvelle. Et dire qu'Antagore, le poète de la Rhodes antique, raffolait du bouillon de poulet !

La campagne n'était guère que rochers et cailloux, avec de rares et modestes maisons.

– Et la vallée des papillons ? demandai-je à Mihalis.

– À cette heure-ci, ils dorment.

Dans le ciel, qui était maintenant d'un bleu foncé très intense, brillait un mince croissant de lune (la Turquie n'est en effet qu'à quelques kilomètres) et, là où le soleil s'était couché, persistait une forte lumière, non pas rouge mais jaune, dont l'intensité semblait même augmenter : la lumière magique de l'Orient. Je pensais encore à Antagore. Il ne reste, de tout ce qu'il a pu écrire, qu'un tout petit nombre de vers, et rien de rien du poème épique *La Thébaïde* qu'on lui attribue. En revanche, après avoir traversé deux bonnes douzaines de siècles, son surnom est arrivé jusqu'à nous : Glouton. Quel était donc son plat préféré ? Sa recette secrète ? Peut-être aurait-il apprécié le bouillon aux pétales de roses des futuristes.

Après soixante kilomètres, la lumière jaune de la lampe d'Aladin avait elle aussi fini par disparaître. L'auto s'arrêta sur le bord de la route : par la fenêtre entrait l'odeur humide des cyprès, des pins, des herbes aromatiques.

« C'est d'ici, affirma Mihalis en vrai professionnel, qu'on a la meilleure vue sur Lindos et sur sa baie. »

Mais là-bas, je ne vis rien d'autre que quelques faibles lueurs, noyées dans cette obscurité absolue qui épouvante quiconque dirige, la nuit, son regard vers l'immensité de la mer. Les restaurants de Lindos étaient pleins de monde. Au restaurant-bar Cléobule, d'inspiration savinienne (Savinio, pas Savini[1]), les clients sirotaient des limonades Mapolé et des « miniatures » d'Ouzo, en grignotant des tranches de pain complet tartinées d'un excellent tarama. La cuisine grecque est une cuisine balkanique, et la cuisine balkanique, c'est de la cuisine turque. Le symbole de la cuisine turque, c'est la boulette de viande, mets qui peut, comme chacun sait, être exquis ou ignoble, et qu'en général on considère avec suspicion, comme à Londres la mortadelle de Bologne : en anglais, *boloney* est synonyme d'escroc.

Sur les conseils d'un notable local, je parvins à surmonter mes hésitations et à commander l'avgolémono : une soupe de poisson différente des soupes habituelles, sans ail ni tomate. C'est peut-être Cléobule, me dit-il, un des sept sages de l'Antiquité, qui l'a inventée. Cléobule est né à Lindos, où, après avoir gouverné la ville pen-

1. Alberto Savinio : pseudonyme d'Andrea De Chirico, écrivain, peintre et musicien italien (Athène 1891-Rome 1952), frère de Giorgio De Chirico. Son œuvre a de fortes affinités avec le surréalisme. Quant au Savini auquel Buzzi fait allusion, c'est le nom d'un célèbre restaurant dans la *galleria* de Milan. N.d.T.

dant quarante ans, il a été enterré dans un monument perché sur une petite montagne, à l'extrémité gauche de la baie – assez loin pour que les touristes et les ânes qui les transportent sans cesse au sommet de l'Acropole ne puissent troubler la paix dans laquelle il demeure.

La recette m'a été donnée par le cuisinier et propriétaire du restaurant, Vassilis Mavricos, lequel, comme tous les gens de Rhodes d'un certain âge, comprend l'italien et le parle volontiers, héritage d'une domination qui, après celle des Turcs, a généralement laissé un bon souvenir.

« Tu prends des poissons gras (daurades, perches de mer, etc.), tu les nettoies, tu mets un peu de sel et tu les laisses reposer pendant que tu mets dans une casserole l'eau pour la soupe (il faut en prévoir suffisamment pour qu'ensuite elle couvre bien le poisson : disons deux assiettes creuses par personne environ), dans laquelle tu jettes, par personne, un oignon (moyen) entier et une pomme de terre (moyenne) coupée en morceaux. Tu ajoutes quelques carottes, du persil haché et de l'huile d'olive. Tu sales et tu fais bouillir.

« Quand les légumes commencent à cuire et que l'huile a blanchi, tu plonges le poisson dans le bouillon, avec le jus d'un demi-citron, ou plus, selon la quantité de poisson. Et quand le poisson, les oignons, les pommes de terre et les carottes sont cuits, tu retires le poisson du bouillon, tu ôtes les arêtes et les têtes, et tu gardes tout ça bien au chaud.

« Tu passes le bouillon, que tu verses dans une autre casserole. Dans une terrine, tu bats un œuf entier (ou deux, ça dépend de la quantité de soupe) avec deux fourchettes (c'est l'idée fixe de Vassilis). Tu le bats longtemps. Quand l'œuf mousse bien, tu verses dessus le jus d'un demi-citron. Là, tu prends une louche de bouillon, chaud mais pas bouillant, que tu verses lentement sur l'œuf en continuant à battre avec les deux fourchettes.

« Tu prends la terrine qui contient l'œuf et tu en verses peu à peu le contenu dans le bouillon (hors du feu) en mélangeant bien avec la louche. Tu goûtes pour rajouter du sel, du poivre et du citron, tu distribues les morceaux de poisson et les légumes dans les assiettes creuses et tu verses le bouillon par-dessus. »

Voilà la recette de Vassilis. Pour ma part, j'ajouterais des croûtons de pain frits dans l'huile et j'écraserais un peu de pomme de terre pour donner au bouillon une consistance plus granuleuse. (On peut aussi préparer l'avgolémono en remplaçant le poisson par du poulet, du chevreau, ou du veau.)

La baie circulaire, fermée comme une piscine, scintille sous le soleil ; la mer est parfaitement calme ; de la plage parviennent les voix étouffées des baigneurs. Soudain, le silence est brisé par le son d'une puissante sirène, qui résonne à travers la baie jusqu'à la tombe lointaine de Cléobule. Instinctivement, le regard quitte brusquement l'assiette et se tourne vers les yachts et les caïques immobiles à l'ancre. Le son de la sirène, qui avait si bien commencé, s'achève pitoyablement, dans une coda déglinguée, sanglotante : c'est le braiment d'un âne.

Quand vient le soir, les sirènes (les braiments) s'intensifient : les ânes ont faim, ils veulent eux aussi leur avgolémono (une bassine de son) ou leur tarama (une bassine de pain sec sur le pas de la porte de chez eux) et le port s'anime d'un trafic inexistant. Puis sur toute chose descend, ou devrait descendre, le silence de la nuit, tandis qu'au couchant s'allume la lampe jaune d'Aladin.

Pour faire le tarama, on écrase dans un mortier des œufs de cabillaud avec de la pomme de terre bouillie, de l'huile, du citron, de l'oignon et de l'ail. On obtient une pâte légère qu'on tartine abondamment, comme je l'ai déjà dit, sur des tranches de pain complet.

La limonade Mapolé est une limonade en bouteille au goût délicieusement naturel. Ce nom vient des deux premières lettres des mots grecs signifiant « mandarine », « orange douce » et « citron », les trois spécialités de la maison Mapolé. Les Balkans et le Moyen-Orient sont le pays de la limonade. À Athènes, après la visite du Parthénon, on conduit les touristes à un kiosque, dans le parc situé près de la porte d'Hadrien, où on leur fait boire un citron pressé tellement délicieux que c'est une expérience aussi enthousiasmante que la visite qui vient d'avoir lieu.

L'Italie, pays des citrons, n'est pas capable de mettre en bouteille une bonne limonade. La chose n'est pas si facile, parce que, dès qu'on presse le jus du citron, son goût change et se gâte – ce dont ne se rendent pas compte certains patrons de bistrots sans finesse, qui font trôner sur leur comptoir, à la place d'une belle corbeille de citrons, une bouteille de jus de citrons pressés en début de journée, voire la veille.

Quant à l'Acropole, je regrette de ne l'avoir pas vue du temps où c'était un petit village turc, un groupe de masures construites avec des fragments de ruines, une mosquée dans le Parthénon, une autre dans l'Érechthéion ; comme le Forum romain à l'époque où y broutaient des moutons.

Chicorée[1] *émincée*

Autrefois, on mangeait et on buvait plus que maintenant (plus que maintenant pour ceux qui pouvaient, moins que maintenant pour ceux qui ne pouvaient pas). Je ne parle pas des banquets homériques, ni de ceux de Trimalcyon[2], ni des repas à l'auberge des trois mousquetaires. Brillat-Savarin raconte que le général Bisson, qualifié par Paolo Valera de « célèbre cuisinier du roi Soleil », descendait quotidiennement ses huit bouteilles de vin au petit déjeuner. Quant au bon curé de Bregnier, laissons encore à son sujet la parole à Brillat-Savarin : « Bien que midi n'eût sonné que depuis peu, je le trouvai déjà à table. On avait déjà desservi la soupe et la viande bouillie, et à ces deux plats obligatoires avaient fait suite un gigot de mouton à la royale, un chapon fort bon et une abondante salade [...].

1. *Radicchio* en italien. Type de salade amère et croquante, très appréciée dans le Nord de l'Italie (cf. le *radicchio di Trevisi* une variété aux feuilles rougeâtres, connue en France sous le nom de « salade de Trévise », ou trévise). N.d.T.

2. Personnage du *Satiricon* de Pétrone, qui offre un repas plantureux à ses hôtes. N.d.T.

Bientôt on apporta un grand fromage blanc dans lequel il tailla une brèche à quatre-vingt-dix degrés[1]. »

Aujourd'hui, qu'on puisse manger un hors-d'œuvre, une entrée, un plat principal, un dessert et du fromage commence à paraître excessif à beaucoup de gens. Tommaseo, qui à bien des égards est un écrivain moderne, était moderne à table aussi. Non pas parce qu'il mangeait très peu, mais en raison du choix de ses aliments, qui le rend très proche de nous. Voici la liste de quelques repas dont il a pris note dans son *Journal intime*[2].

Florence [16 mars 1833] : sopracapellini, viande, pigeon, chicorée.
[17 mars] : riz, rôti de veau, salade, saucisson ; au déjeuner, pigeon.
[18 mars] : sopracapellini, bœuf, tête de veau, foie de génisse, chicorée cuite. Au petit déjeuner, bœuf à l'étouffée et pommes.
[19 mars] : haricots, œufs, asperges ; au petit déjeuner, pommes et raisin. Au dîner, un œuf, des anchois et du raisin.
[23 mars] : bouillie, haricots, morue[3], hareng, pommes.
[4 avril] : haricots, sole, calamars, artichauts, beignets, pomme.
[27 avril] : fèves, bœuf à l'étouffée et salade.

1. Anthelme Brillat-Savarin, *Physiologie du goût, ou Méditations de gastronomie transcendante*, Paris, 1825.

2. Niccolò Tommaseo, *Diario intimo*, Einaudi, Torino, 1939. [*Journal intime*. N.d.T.]

3. *Baccalà* en italien. Morue que l'on fait sécher, avant de la cuisiner en sauce. N.d.T.

	[16 mai] : haricots, anchois, hareng, génoise.
	[25 décembre] : capellini, viande, chapon, gâteaux offerts par Colomba.
Paris	[25 mai 1834] : asperges, artichauts, sole, crème.
Bastia	[8 mars 1839] : citronnade, sublimé corrosif[1], sirop mercuriel ; poulet et chicorée.

Le dernier repas, à Bastia, reflète tristement, au début du moins, l'avènement de la maladie. Heureusement, il s'achève sur un mets parfait : poulet et chicorée. La chicorée, à l'exception de celle de Trieste, doit être coupée très fin, selon un art particulier qui la transforme en une délicate nuée verte et embaumée. La chicorée exige l'accompagnement d'un œuf dur, qu'au restaurant on sert souvent dur comme un caillou et déjà écalé, sa blancheur de porcelaine parfois ornée d'empreintes digitales. En pique-nique, il peut s'avérer pratique de disposer d'un œuf qui ne coule pas de tous côtés, mais ce qu'il faut absolument, avec la chicorée émincée, c'est un œuf mollet, c'est-à-dire dont le jaune est encore liquide et le blanc tout juste solidifié. Quand on le mélange à la salade, l'œuf semble presque disparaître, mais la chicorée s'en trouve incroyablement allégée et plus digeste. Comme l'a dit quelqu'un : « Manger est humain, digérer est divin. »

1. Le sublimé corrosif (chlorure mercurique) était utilisé autrefois comme médicament pour ses puissantes propriétés antiseptiques et insecticides. N.d.T.

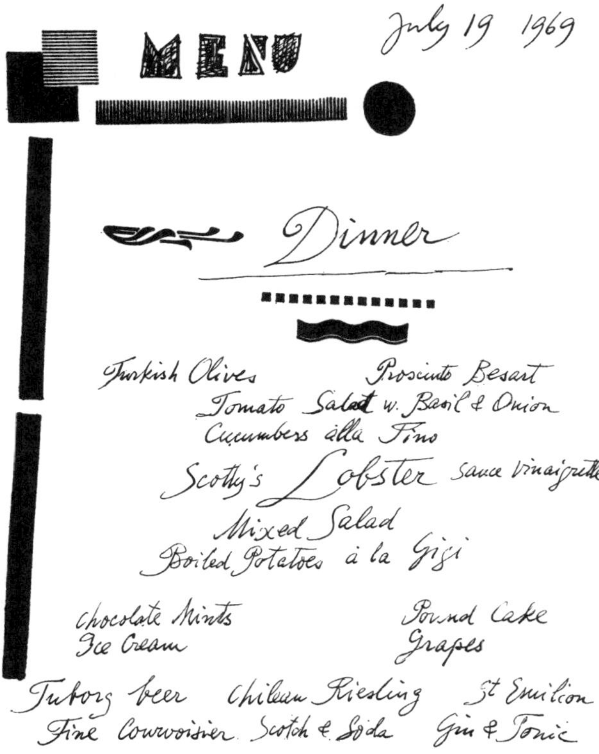

Le titre original complet de l'œuvre de Brillat-Savarin est : *Physiologie du goût, ou méditations de gastronomie transcendante. Ouvrage théorique historique et à l'ordre du jour, dédié aux gastronomes parisiens, par un professeur, membre de plusieurs sociétés savantes.* Sur Brillat-Savarin, Marie-Antoine (Antonin) Carême, le plus illustre cuisinier français (dont le nom évoque le jeûne), maître queux de Talleyrand, d'abord, puis des empereurs de Russie et d'Autriche, auteur de diverses œuvres parmi lesquelles les cinq volumes de *L'Art de la cuisine au XIXe siècle*, prononce un jugement sévère (Baudelaire et quelques autres aussi l'ont durement malmené[1]), jugement que je retranscris à partir du *Grand Dictionnaire de cuisine* d'Alexandre Dumas[2]. « Ni Cambacérès ni Brillat-Savarin n'ont jamais su comment on mange. L'un comme l'autre aimaient les nourritures robustes et vulgaires. Ils se remplissaient simplement l'estomac. C'est la pure vérité. Savarin était un gros mangeur [...]. À la fin du repas il était absorbé par la digestion. Je l'ai vu dormir. » Mais le fait est que Brillat-Savarin, ou brillant Savourain, comme l'appelle Joyce (*Finnegans Wake*), savait écrire.

Carême, le cas n'est pas si rare parmi les cuisiniers de talent, avait débuté comme pâtissier. Dès son jeune âge, après une longue journée de travail, il restait éveillé la nuit pour étudier le dessin ; parfois, avec la permission de son patron, il se rendait au Cabinet des estampes, pour y étudier encore et y chercher l'inspiration pour les admirables inventions pâtissières qui allaient bientôt le rendre célèbre, et dont le souvenir ne survit aujourd'hui que dans certains gâteaux de mariage. Il a dit ceci : « Les beaux arts sont au nombre de cinq, à savoir : la peinture, la sculpture, la poésie, la musique et l'archi-

1. Voir Jean-Paul Aron, *La France à table, du XIXe siècle à la Belle Époque*, La Découverte, 1987.

2. Alphonse Lemerre éditeur, Paris, 1873.

tecture, qui a pour branche principale la pâtisserie. »

Je crois que Talleyrand savait inventer des plats même sans l'aide de son cuisinier. La *garniture Talleyrand*, sublime assaisonnement pour les macaronis – beurre, fromage (gruyère et parmesan), foie gras coupé en petits dés et truffes –, est une recette qui, par sa brillante simplicité et, en même temps, la richesse princière de ses ingrédients, ne peut être que directement sortie de son cerveau. Les truffes, en France, se trouvent dans le Périgord, et Talleyrand s'appelait en réalité Talleyrand-Périgord ; en outre, pour se protéger du froid en hiver, il portait souvent un bonnet en tricot de laine noire, avec deux longs cache-oreilles qui pendaient sur les côtés de son visage comme les oreilles d'un chien truffier.

Olla podrida

Les écrivains qui ne parlent jamais de manger, d'appétit, de faim, de nourriture, de cuisiniers, de repas, ne m'inspirent pas confiance. Comme s'il leur manquait quelque chose d'essentiel. Dès les toutes premières lignes de son roman, Cervantès nous fait savoir ce que mangeait don Alonso Quejana, le futur don Quichotte, chacun des sept jours de la semaine : au déjeuner, « une olla avec de la viande, de vache plus souvent que de mouton, au souper presque toujours une grosse boulette de viande ou de poisson, une omelette au lard le samedi, des lentilles le vendredi, et quelques petits pigeons en renfort le dimanche ». L'olla est le plat principal du repas de midi dans de nombreuses régions d'Espagne : une sorte de pot-au-feu aux ingrédients variés, dont des pois chiches. Olla veut dire marmite. Pour nos ancêtres romains, c'était un pot en terre cuite pour conserver les cendres (le souvenir) des défunts. L'olla toute simple de tous les jours se transforme, les jours de fête, en olla podrida, qui en français signifie littéralement pot-pourri, et, dans le langage culinaire espagnol, mélange (qu'on peut trouver un peu chaotique) de plusieurs sortes de viandes et légumes : bœuf, mouton, pieds, oreilles et queues de cochon, perdrix, poulet, jambon cru, lard, saucisses et, en plus des pois chiches, carottes, poireaux, oignons, chou, pommes de terre, laitues. C'est un des plats servis à Sancho Pança lors de son premier repas en qualité de gouverneur de l'île Barattaria. « Ce bon gros plat qui fume là-bas, dit Sancho, m'a tout l'air d'être d'olla podrida, et on y met tant de choses différentes que je ne puis manquer d'en rencontrer quelqu'une qui ne soit à mon goût et bonne pour ma santé[1]. »

L'olla podrida est tout particulièrement indiquée dans le cas de Sancho Pança, car ce n'est pas un plat de haute cuisine, mais plutôt le fruit des obsessions des crève-la-faim, comme on dit, qui, ne pouvant manger à leur faim tous les jours, veulent au moins avoir, de çà de là, quelque occasion de manger de tout à satiété.

Le premier plat de ce genre, et le plus extraordinaire – dont la préparation rappelle, à certains égards, la fusion du bronze du *Persée* de Benvenuto Cellini –, fut servi aux Athéniens, en 389 avant Jésus-Christ, en guise de festoyante conclusion de la pièce d'Aristophane, *L'Assemblée des femmes*, et on peut dire, approximativement, qu'il s'agissait d'un ragoût-daube

1. Livre II, chapitre 47.

d'huîtres, filets de poissons, lamproies, cervelles, sauce piquante, silphium[1] haché, fromage, miel, poireaux, grives, pigeons, poulets, mulets, palombes, lièvres, variante de légumes... Parmi les ingrédients de ce gigantesque pot-pourri, un traducteur a même identifié l'ouzo, la forte anisette grecque.

Le nom de cette olla podrida antique, dont je donne ici la transcription en caractères latins pour rendre la lecture moins pénible, s'il ne dit pas au juste quelle saveur pouvait avoir ce plat, donne une idée du nombre d'ingrédients utilisés par les cuisiniers à l'occasion de ce banquet populaire : *Lapadotemachoselachogaleokranioleipsanodrimhypotrimmatosilphioparaomelitokatakechymenochichlepikossyphophattoperisteralektryonopteckephalliokigklopeleiolagoiosiraiohaphetraganopterigon.*

Pour les livres de cuisine, ou sur la cuisine, la sentence de Pline le Jeune est certainement plus vraie que pour n'importe quelle autre sorte de livre : « Aucun livre n'est à ce point mauvais qu'il ne contienne quelque chose de bon. » On en écrit tellement, aujourd'hui, qu'il est devenu presque impossible de trouver un titre différent pour chacun. Le premier des livres de ce genre, celui du Sicilien Archestrate, avait déjà pour ainsi dire épuisé les possibles, puisque, comme le dit Athénée, il avait pour titre, selon Chrisippe, *La Gastronomie*, selon Lyncée et Calli-

1. Gomme ou résine, tirée d'une ombellifère, très estimée des anciens. N.d.T.

maque, *La Bonne Table*, selon Cléarque, *L'Art de cuisiner*, et selon d'autres auteurs, *La Cuisine*[1].

Pendant les périodes de décadence, le culte de la cuisine vire à l'excès. Pline déplorait qu'un cuisinier coûtât plus qu'un cheval. « Cliton, écrivait La Bruyère, n'eut de toute sa vie que deux occupations : déjeuner et dîner[2]. »

Par réaction, c'est un plaisir de lire la réponse que fit John Updike à une journaliste qui lui demandait, lors d'une interview, quel avait été son repas le plus mémorable : « Mon repas le plus mémorable fut un lunch avec Alfred Knopf [célèbre éditeur], qui me conduisit à La Côte Basque [célèbre restaurant new-yorkais], à l'époque où il était encore tenu par Henri Soulé [célèbre cuisinier français]. Je ne me rappelle pas ce que j'ai mangé, mais[3]... »

1. Athénée de Naucratis, *Les Déipnosophistes*, livres I et II, Les Belles Lettres, Paris, 1956.

2. Jean de La Bruyère, *Les Caractères ou les mœurs de ce siècle*, in *Œuvres complètes*, Gallimard, Paris, 1951.

3. Mimi Sheraton, « John Updike Ruminates On Matters Gustatory », in *The New York Times*, 15 décembre 1982.

Spaghetti trop cuits à la sauce à la viande

Quand j'étais petit, les dents en or, les lunettes et la bedaine m'apparaissaient comme des signes extérieurs d'importance, de beauté. À la place de la bedaine des adultes, moi, j'avais du vide, ce qui symbolisait le fait que je comptais pour rien, que je n'avais aucun poids, aucune autorité.

Vers une heure de l'après-midi, les premiers baigneurs commençaient à prendre le chemin de la pension. L'homme à la grosse bedaine, aux dents en or et aux lunettes, d'un geste de la main appela le maître-nageur et se fit apporter une assiette de spaghetti. Généreusement servis. À la sauce tomate. Avec beaucoup de fromage râpé.

Peut-être les spaghetti que le maître-nageur servait sur la plage n'étaient-ils pas *al dente*, comme on dit en Italie : bien fermes sous la dent. Mais quelle importance, avec la faim qu'on avait après le bain ? Les yeux écarquillés, je suivais chaque mouvement de la fourchette qui faisait passer les spaghetti, parfaitement entortillés, de l'assiette aux dents en or ; je sentais le goût de la tomate comme si c'était moi qui l'avais en bouche...

Puis est venu l'âge de la connaissance (des spaghetti *al dente*), suivi de l'âge des crises.

De temps en temps, je suis saisi d'une violente nostalgie de la cuisine des cantines (école, caserne, bureau, hôpital), et de la furieuse envie d'une assiette de pâtes « cuites de travers ».

Je me précipite dans la première trattoria venue, je m'assois et, sans même regarder la carte, je commande des spaghetti avec une sauce à la viande. Je ne demande pas la formule express, pour être sûr que les pâtes seront trop cuites ; et je demande une sauce à la viande, exactement la sauce que, d'habitude, je fais tout pour éviter, parce qu'à ce moment-là c'est justement cette sauce-là que je désire. Je serais même tenté de crier au serveur : « S'il vous plaît, dans une assiette froide ! », mais ce n'est pas la peine, je sais que l'assiette arrivera glacée.

Une fois que j'ai englouti mes spaghetti trop cuits dans leur sauce à la viande – avec plaisir, je dois le dire –, la crise est passée. Pendant un bon moment, je recommencerai à demander des spaghetti express, *al dente* – et à protester s'ils ne le sont pas.

Il y a dans cette histoire quelque chose qui rappelle le cas étrange du docteur Jekyll et de mister Hyde. Si un ami (le docteur Lanyon) entrait dans la trattoria et me surprenait en train de manger avidement ces spaghetti trop cuits à la sauce à la viande, l'analogie deviendrait encore plus nette.

Les asperges d'Auguste

Les *Vies des douze Césars*, de Suétone, sont la lecture préférée du cuisinier Allen Lieb, qui en 1979 a connu, aux États-Unis, son heure de gloire grâce à (ou par la faute de) l'écrivain John McPhee, qui avait pour lui la plus grande admiration, et qui avait publié un long portrait de lui dans le *New Yorker*, en gardant le secret, comme Lieb le souhaitait, sur son véritable nom et sur les nom et lieu de son restaurant (secret qui, cependant, n'a pas longtemps résisté à la traque acharnée de la presse).

Lieb est un cuisinier intéressant, non pas tant en raison de la qualité de sa cuisine qu'à cause de la façon dont il travaille et parle de son métier : il refuse toute publicité, il utilise ses mains plus souvent que les instruments, il aime les restes – il ne jette pas les allumettes après les avoir utilisées –, il ne cuisine jamais un plat deux fois de la même façon, il dit que la chose la plus importante qu'il y ait à apprendre c'est d'aller doucement. Sa conversation, dirait Monselet, est nourrissante.

Le soir, avant de s'endormir après une dure journée de travail, Allen Lieb lit les *Vies des douze Césars* : des empereurs avides de boire et de manger, des repas somptueux, des nourritures étranges et très coûteuses, des cruautés inouïes. Tibère, Caligula, Claude, Néron, Galba, Vitellius et Domitien moururent tous de mort violente : ou égorgés, ou étranglés, ou empoisonnés. Claude, qui était très friand d'oronges, mourut au cours d'un banquet, tué par ses champignons préférés cuisinés dans du poison. Vitellius, dont la gloutonnerie avait stupéfait l'univers, juste avant d'être mis à mort et jeté dans le Tibre, avait essayé de prendre la fuite dans une litière « n'ayant pour toute compagnie que le cuisinier et le boulanger ».

Même le « bon Auguste », comme l'appelle Dante, était loin d'être le modèle de perfection qu'on croit généralement qu'il était parce que c'est ce qu'on a appris à l'école. Soupçonnant, à tort, le préteur Quintus Gallus de trahison, « il le fit saisir par ses soldats et centurions, le fit soumettre à de cruelles tortures comme s'il se fût agi d'un esclave et, comme celui-ci n'avouait rien, il lui arracha de sa propre main les deux yeux avant de lui faire ôter la vie ». « À Attala, son chancelier, qui avait montré une lettre de lui à un homme et lui en avait révélé le contenu en échange de cinquante écus, il fit briser les jambes. » Et, « un jour que pendant un banquet il avait été pris d'un appétit fougueux pour une gente dame, dont le mari avait été consul et se trouvait avec elle à ce banquet, il se leva de table et, en présence du mari, la conduisit dans sa chambre, puis la raccompagna à table alors qu'elle avait encore les oreilles rouges et la tête toute décoiffée ».

Il n'avait pourtant pas le physique typique du grand homme : « Petite taille, dents rares, petites et pleines de tartre. » Il était « d'appétit très frugal ». Mais il devait quand même s'y connaître un peu en cuisine, parce que, « quand il voulait exprimer la rapidité d'une chose faite à la hâte, il avait coutume de dire : "En moins de temps qu'il n'en faut pour cuire des asperges." ». La traduction du livre de Suétone d'où je tire ces citations date du XVIe siècle ; elle est l'œuvre de frère Paolo del Rosso, et elle est tout à fait agréable, à l'exception des virgules qui, par moments, ont l'air d'avoir été placées au petit bonheur la chance, « ici ou là, comme ça vient, telles des câpres dans la sauce tartare », dirait Gadda[1].

À Rome, Augusto est un prénom qui n'a plus rien d'auguste. C'est un nom de barman : « Augusto, un express ! »

1. Carlo Emilio Gadda, *Il tempo e le opere*, Adelphi, Milano, 1982.

Le vrai cuisinier

Le sculpteur Arturo Martini eut une enfance marquée par une très grande pauvreté. Il fit cinq années d'étude : deux ans pour redoubler le CP, et trois pour tripler le CE1. Enfant de cuisinier, il a écrit sur la cuisine une chose très juste : « La cuisine est une question d'instinct. Les autres doivent goûter la soupe, moi, rien qu'en la regardant, je sens si elle est assez salée. Il y a d'un côté Artusi et son œuvre[1], mais il y a de l'autre l'insaisissable[2]. » Il a raison. Le vrai cuisinier ne goûte pas, il est un peu comme ces pianistes qui jouent sans regarder le clavier.

1. Gastronome italien, Pellegrino Artusi (1820-1911) est l'auteur d'un livre qui resta longtemps très célèbre, intitulé *La Science en cuisine et l'art de bien manger* (1891). N.d.T.

2. Gino Scarpa, *Colloqui con Arturo Martini*, XIII, Rizzoli, Milano, 1968. [*Conversations avec Arturo Martini.* N.d.T.]

Œufs sur lit de poireaux

« Entrée de légumes : Assaisonnez les bulbes de châtaignes avec la sauce d'Apicius, de l'huile et du vin[1]. » C'est le début d'une recette du *De re coquinaria* d'Apicius, le best-seller gastronomique de l'Antiquité, qui était destiné, malgré un nombre infini de retouches, coupes, ajouts et modifications diverses, à durer plus longtemps que le Forum romain. On peut y trouver les recettes, pas toujours faciles à interpréter, des plats les plus célèbres de la cuisine romaine antique : mamelles de truie au four, rôti de grue dans sa sauce au miel, langue de perroquets... mais on remarque surtout la présence excessive, parmi les ingrédients des recettes, d'une sauce que le traducteur appelle sauce d'Apicius, et que l'auteur désigne du vilain nom de *liquamen.* Cette sauce est une sorte de mystère gastronomique : personne n'a jamais pu expliquer ce qu'elle était exactement. Paolo Buzzi, dans sa préface, parle d'« ingrédient [...] à base d'herbes

1. Apicius, *L'Art culinaire*, Belles Lettres, 1974.

aromatiques, d'épices, de vinaigre et, peut-être, de pâte de poisson ». Apicius ne donne pas la recette du *liquamen*, trop évidente pour les gens de son époque ; il se contente d'expliquer comment on peut le « rattraper », s'il a pris une mauvaise odeur, à l'aide de fumée de laurier et de cyprès. Si l'on en croit une annonce publicitaire retrouvée sur un mur de Pompéi, le meilleur *liquamen* était celui que produisait la maison Umbricus Agathopus.

Il y a quelque temps de cela, un ami m'a fait voir un petit flacon de nuoc-mâm, une sauce qu'on utilise beaucoup au Vietnam. Quand il m'a dit que le nuoc-mâm était composé de sel, d'épices, de plantes aromatiques et de poissons qui ont macéré au soleil, j'ai compris qu'il ne faisait qu'un avec la mystérieuse sauce d'Apicius. D'après cet ami, qui l'a goûté, c'est une sauce « bonne pour les Vietnamiens ».

« Lorsqu'ils sont cuits, poursuit Apicius – qui dictait probablement ses recettes compliquées de cette voix très grave, caverneuse, propre aux Romains de toutes les époques –, ajoute aux légumes du foie de porc, des foies de poule, des pieds de porc, mouton, etc., et des oiselets coupés en morceaux, et mets le tout à bouillir. Dès que l'ébullition commence, ajoute de la livèche[1] et du poivre broyés. Mouille avec du *liquamen*, du vin et du vin cuit pour adoucir le goût. Verse le tout sur les bulbes et remets à

1. Ache ou saxifrage des prés.

bouillir. Quand le mélange arrive à ébullition, fais-le épaissir avec de l'amidon. »

Cela fait passer l'envie de manger. Ou pour mieux dire, cela donne, par contraste, envie des nourritures les plus simples : les poireaux et les pois chiches d'Horace, les raves et les haricots de Bertoldo[1], et, j'y tiens, les œufs sur un lit de poireaux de mon ami Schino (Franceschino).

Faire cuire dans de l'eau des poireaux – l'asperge du pauvre –, les égoutter, en mettre deux ou trois (pas plus, sinon cela étouffe le goût de l'œuf) chauds sur un assiette chaude, les couper en petits morceaux et verser par-dessus un œuf au plat cuit dans beaucoup de beurre bien mousseux. Le beurre se mélange à l'eau des poireaux pour former une délicieuse petite sauce. Boire là-dessus un bon verre de clinto ou de bonarda.

Et que le vin soit frais ! Bon nombre de faux connaisseurs vilipendent ceux qui aiment le vin rouge servi bien frais. Or je constate avec plaisir que c'est un goût que Bocuse partage : « Je sers les vins très frais, surtout les beaujolais. Les bourgognes, je les sers à dix-douze degrés, les vins blancs à huit-dix, les bordeaux à quinze-seize. Beaucoup de gens croient que "chambrer" un vin signifie le mettre près de la cheminée ou du radiateur. Au contraire, cela veut dire le mettre

1. Personnage de paysan bolonais campé par Giulio Cesare Croce (1506-1609) dans *Bertoldo e Bertoldino*. Bertoldo trouve la mort à la cour du roi Alboïn du fait de ne pouvoir manger, à sa table richement garnie, ni raves, ni haricots, ses aliments préférés. N.d.T.

dans une pièce sans chauffage[1] ! » Pourquoi ce titre : *La Cuisine du marché* ? Parce que Bocuse dit, et il a raison, qu'au lieu de décider du menu d'abord et d'aller faire ses courses au marché ensuite il faut, comme il le fait lui-même pour son célèbre restaurant des environs de Lyon, aller d'abord au marché, et là composer le menu en fonction de ce qu'on peut y trouver de meilleur et de moins cher. C'est pour la même raison qu'il déconseille d'acheter les primeurs. On ne peut qu'être d'accord avec lui.

Mais face à certains excès de raffinement et de luxe, jusque dans la présentation des plats, de la cuisine (et du livre !) de la « star de la gastronomie lyonnaise », on ne peut pas non plus donner tous les torts à Alexander Cockburn lorsqu'il appelle l'œuvre bocusienne « un luxueux exercice de gastro-porno » (*The New York Times Book Review*, 8 décembre 1977).

Après les recettes d'Apicius, je suis même capable de comprendre (un court instant !) ceux qui n'accordent aucune importance au manger et au boire. Lucio Mastronardi, instituteur et auteur du roman *L'Instituteur de Vigevano*, était de ceux-là.

– Mastronardi, est-ce que tu aimes faire bonne chère ?

– Ça ne m'intéresse pas.

– Mais tu as un plat préféré ?

1. Paul Bocuse, *La Cuisine du marché*, Flammarion, 1976.

– À part le foie, la cervelle et les tripes, je mange de tout.

– Tu bois du vin à table ?

– Non, de l'eau minérale.

– Pourquoi ?

– Parce que c'est ce qu'achète ma femme.

Viande sculptée

Le restaurant était entièrement tapissé d'aluminium ; murs, plafond, sol, tables. Même les assiettes étaient des disques en aluminium. Les invités s'amusaient : le plus célèbre plat de la cuisine futuriste, le *carneplastico* – en français viande sculptée –, était au centre de la curiosité générale. Selon la définition (la recette) de son concepteur, Fillia, c'est un plat « composé d'une grande boulette cylindrique de viande de veau rôtie, farcie de onze variétés différentes de légumes cuits. Ce cylindre, disposé verticalement au milieu du plat, est couronné par une épaisse couche de miel, et sa base soutenue par un anneau de saucisse, à son tour posé (un peu comme certains obélisques romains) sur trois sphères dorées de viande de poulet[1] ».

La viande sculptée (de même que le « poulet fiat » et beaucoup d'autres plats qui mirent de l'animation dans les repas futuristes) a fait son apparition dans le ciel de la gastronomie comme

1. Cette citation et les suivantes sont tirées de F. T. Marinetti e Fillia, *La cucina futurista*, Sonzogno, Milano, 1932. [*La Cuisine futuriste.* N.d.T.]

une météorite, qui brille l'espace de quelques instants avant de disparaître aussitôt sans laisser la moindre trace. Aujourd'hui, il fait l'effet non d'un plat du futur, mais d'une recette d'Apicius, d'un vestige de Trimalcyon, d'une vieillerie. « S'il est un art réfractaire au futurisme, a sagement écrit Olindo Guerrini, c'est l'art de cuisiner[1]. »

Mais les futuristes étaient sans hésitations.

– Et que restera-t-il de l'ancienne cuisine ?, fut-il demandé à Fillia.

– Rien, les vieilles casseroles, et encore.

Il est probable que le véritable but des auteurs de recettes futuristes était simplement d'écrire quelque chose de bon, et que ç'a été une erreur de vouloir passer du papier imprimé à la réalisation du plat. « ... il conviendrait de lire ce livre [*La Cuisine futuriste*] non seulement dans le cadre général du "comportement" futuriste, mais aussi à la lumière du livre de Lévi-Strauss sur *Le Cru et le Cuit.* Sans parler du fait que ces recettes sont, en plus, de vrais poèmes. Pour ce qui concerne l'aspect pratique, je vais demander à ma femme d'en essayer une ou deux, histoire de voir si elles ont aussi un sens en soi du point de vue gastronomique[2]. »

Non, aucun sens en soi, à mon avis. Elles ne sont faites que pour être lues. Et d'ailleurs, ce vilain monument en l'honneur des soldats de

1. Olindo Guerrini, *L'arte di cucinare gli avanzi della mensa*, Rizzoli, Milano, 1975. [*L'Art d'accommoder les restes.* N.d.T.]

2. Extrait d'une lettre de Glauco Viazzi.

Côme tombés à la guerre n'est-il pas lui aussi une « recette » de l'architecte futuriste Sant'Elia, que quelqu'un a eu la malencontreuse idée de réaliser ? (Les projets de Sant'Elia préfiguraient non seulement la future – toujours future – cité radieuse, mais aussi l'horreur imminente de la construction moderne.)

En mai 1930, Marinetti alla rejoindre ses deux amis Prampolini et Fillia, dans une villa des bords du lac Trasimène, et tous trois durent préparer un repas-exposition exceptionnel afin d'empêcher un suicide d'amour. Passé minuit, l'exposition de « sculpture comestible » était prête. La dame qu'on attendait arriva. Mais... « Une longue pause de silence foudroya de sommeil Marinetti, Prampolini et Fillia. La femme les contempla pendant quelques minutes, puis, laissant aller sa tête en arrière, s'endormit elle aussi. Le clapotis ténu des respirations chargées de désirs, d'images et d'élans s'accordait avec le clapotis caquetant et tintant de l'oseraie dans le lac caressé par la brise nocturne. »

Il serait cruel de donner une interprétation de ce sommeil. Contentons-nous de dire qu'on entendit Gabriele D'Annunzio, qui passait par là par hasard, murmurer ces mots : « J'ai ce que j'ai donné. »

Pâtes « à la matricienne »

Un brouillard froid et stagnant pesait sur vicolo Capre, via Rugabella, via Velasca. Les douze coups de midi sonnaient.

Aller manger ?... Où ?... Quoi ?...

Éternel problème.

Je me souvins de la trattoria creusée dans les flancs rouges de l'église de San Nazaro, où j'avais dîné avec un ami, quelques soirs plus tôt : des tables pour lilliputiens, une brave femme habillée en bleu clair tenant dans ses mains les assiettes de *bucatini alla matriciana* d'un rouge trop prononcé...

Aussitôt après la guerre, je m'étais un jour retrouvé par hasard à Amatrice, une petite ville de la Sabine[1], et je m'étais arrêté pour manger. Il est presque certain que j'ai mangé des *bucatini alla matriciana*, mais j'étais tellement ignorant de tout ce qui concerne la cuisine que je ne fis attention ni aux bucatini, ni à Amatrice, si bien

1. La Sabine est une ancienne région de l'Italie centrale, située au nord du Latium. Elle correspond approximativement à l'actuelle région de Rieti. N.d.T.

que de ce repas, important à plusieurs égards, j'ai tout oublié. Ah, je vois quelqu'un qui lève la main et qui veut dire quelque chose.

Ce qu'il veut dire, je le sais déjà : « On dit “à l'amatricienne” – du nom de la ville, Amatrice –, et non pas “à la matricienne”. »

C'est exact : les gens cultivés disent « à l'amatricienne ». Par contre les gens incultes disent « à la matricienne », et les préférences des incultes, c'est bien connu, pèsent très lourd dans les questions de langue. Il faut tenir compte aussi du fait que tous les mots ont une tendance naturelle à acquérir leur forme propre, en se différenciant autant que faire se peut de leur... matrice (tendance qu'on pourrait appeler « a-matricienne »).

Je n'ai compris que plus tard combien les « bucatini à la matricienne » sont exquis, l'extrême délicatesse de leur légèreté, bien qu'il entre dans les ingrédients de la sauce, du lard, de l'huile et de l'oignon. Mais le mérite en revient surtout au piment. Carnacina précise, à juste titre, que le lard doit être coupé en morceaux pas trop petits, et qu'il faut s'en tenir à une quantité (relativement) modeste de tomates. Les pâtes doivent être roses, pas rouges. Quant au lard, compter environ un quart du poids des pâtes.

C'est depuis Avezzano que je m'étais aventuré jusqu'à Amatrice, avec une petite troupe qui reconnaissait les lieux pour un film. Après le dîner, les gens du coin avec lesquels nous devions travailler nous rejoignirent au restaurant.

– Vous avez mangé ?

– Oui, oui, nous avons mangé.

– Vous prenez quelque chose d'autre ?

– Non, merci... Merci.

Mais les visages n'exprimaient pas un refus très résolu.

– Un dessert ?... Un café ?...

Il y eut un moment de silence gêné pendant lequel les hommes échangèrent quelques regards en dialecte des Abruzzes. Puis le chef déclara :

– Bon, si vous insistez... On va prendre une assiette de bucatini à la matricienne.

Le garçon, qui passait à ce moment-là en tenant deux assiettes de soupe pleines à ras bord (ses deux pouces, aux ongles ourlés d'un noir indélébile, trempaient profondément dans le liquide), fut stoppé net, non sans danger pour la soupe. On lui passa commande à plusieurs voix et, tandis qu'il s'éloignait, une dernière intimation le frappa en plein dos :

« Bien servis, les bucatini ! »

La coutume consistant à remplir les assiettes à ras bord est encore en vigueur dans de nombreux endroits, où l'on fait une cuisine qui, pour être modeste, n'a cependant rien de méprisable. Une soupe servie de cette manière pourrait s'appeler « soupe à l'ongle » (si l'assiette était moins pleine, le client aurait le droit de se plaindre que la portion est trop chiche). Dans les mêmes endroits, au comptoir, on remplit pareillement le verre de blanc ou de rouge jusqu'au bord, et même un peu au-delà – et le vin dépasse légèrement, sans déborder, en vertu du phénomène physique de la tension superficielle des liquides. Aussi habile que celui qui l'a servi, le client porte d'une main ferme le calice à ses lèvres et, sans la moindre perte, il le vide le plus souvent d'un seul trait d'un seul, ce qui lui donne ensuite le droit de pousser un bruyant soupir de délivrance.

Je traverse la place San Nazaro, je prends le vicolo Santa Caterina, que trois bornes de granit interdisent à la circulation, et j'entre dans la trattoria. Mon ami est assis à sa table habituelle, devant (ou plus exactement, comme le dit Hildesheimer, derrière[1]) une chope de bière et une assiette de bucatini à la matricienne.

« Pour moi aussi, une assiette de bucatini ! La formule express ! »

Tandis que je passe ma commande à la serveuse en bleu clair en train de se diriger vers la cuisine les bras chargés d'assiettes sales, je réussis à capter son regard. Par expérience, je sais que les commandes passées à un serveur en mouvement ne sont exécutées que si l'on parvient à le fixer dans les yeux (alors, telle une bête mortellement blessée, il se réfugie dans sa tanière – la cuisine –, et là, il transmet la commande). Et en effet, voilà presque aussitôt – trop tôt pour être

1. Wolfgang Hildesheimer, *Una grande compera*, traduzione di Giancarlo Scorza, « Il Caffè », I, 1964.

vraiment « formule express » – les bucatini qui se posent devant moi.

Les bucatini sont un miracle. Y compris du point de vue technique. Il est bien difficile de comprendre comment, d'une machine, peuvent sortir des spaghetti *troués dans la longueur*. Mais le moment n'est pas aux trop vastes questions. Je mélange, j'enroule sur ma fourchette, voici ma première bouchée. Je pense aux étrangers pour qui enrouler des spaghetti sur une fourchette est une mission quasiment impossible et qui, pourtant, s'obstinent depuis des siècles à commander des spaghettis. Peut-on manquer à ce point de jugeote ? Pourquoi donc ne commandent-ils pas des penne à la matricienne ? Des rigatoni, des farfalle à la matricienne ?

Comme il importe que les bucatini soient glissants comme des anguilles, il y a de fortes chances pour qu'il y en ait un qui finisse, avec le jus qu'il contient, sur la nappe, ou sur la chemise, ou sur la cravate, ou sur le pantalon, ou sur le tapis. Mais aucun mangeur de pâtes authentique ne permettra que la joie de ce moment soit troublée par ces inévitables incidents. Surtout pas de talc, dont l'odeur gâcherait tout. On en mettra plus tard. L'idéal serait de pouvoir enrouler les bucatini commodément assis, torse nu, à l'ombre d'une pinède, sous le regard attentif de son chien fidèle qui, c'est bien connu, apprécie encore mieux que son maître le parfum des bucatini, l'odorat canin étant exactement un million de fois plus sensible que l'odorat humain.

Omelette à un œuf

L'œuf est aujourd'hui l'aliment le plus économique. Comme le mot amour en français, en italien le mot œuf est masculin au singulier (*l'uovo*) et féminin au pluriel (*le uova*). En Italie, je pourrais donc dire au marchand d'œufs une phrase qui, traduite littéralement, donnerait ceci : « Donnez-moi le premier de ces deux belles-là. » Ensuite, si je demandais au marchand de m'indiquer le degré de fraîcheur des œufs, il me montrerait trois panonceaux : « Frais », « Extra-Frais », « À gober » ; d'où il découle que les œufs frais sont les moins frais.

Dès qu'on parle d'œufs, mille problèmes surgissent. Les meilleurs sont-ils ceux dont la coquille est claire ou ceux dont la coquille est foncée ? Les gros ou les petits ? Ceux dont le jaune est orangé ou pas ?

L'œuf au plat passe pour l'exemple même de la cuisine facile ; tellement facile qu'en général les livres de cuisine n'en parlent même pas. Il a pourtant ses secrets, lui aussi. Il faut le faire cuire à feu doux, et ne pas le verser dans la poêle directement depuis la coquille, mais depuis une petite tasse : le blanc d'abord, en retenant le jaune avec une cuillère ; puis quand le blanc commence à se solidifier, on le saupoudre de sel et de poivre, et on verse le jaune dessus, au beau milieu, ce qui lui évite un contact trop direct et brûlant avec le fond de la poêle. En fin de cuisson, on couvre, afin que l'œuf cuise un petit peu au-dessus aussi. Quand l'œuf est prêt, on l'ôte aussitôt de la poêle, pour éviter que la chaleur résiduelle ne le fasse trop cuire, et on le transfère sur une assiette chaude. On peut ajouter un peu de l'huile d'olive ou du beurre (mousseux) qu'on a utilisé pour la cuisson. Mais s'il s'agit d'un œuf au bacon, il convient de le soulever avec une spatule trouée, de laisser la graisse s'égoutter, et de ne le déposer qu'ensuite sur l'assiette chaude.

S'il est moins facile qu'on le pense de faire un œuf au plat, que dire de l'omelette ! Selon Raymond Olivier, qui tient le vieux restaurant parisien Le Grand Véfour, le restaurant préféré de Colette : « Une œuvre d'art est toujours une aventure : l'omelette n'échappe pas à cette règle[1]. »

Pendant la guerre, le peintre Gianfilippo Usellini (qui vivait à Arona, sur le lac Majeur, où se dresse le *Sancarlone*, la statue colossale représentant saint Charles) sauva des persé-

1. Raymond Olivier, *La Cuisine, sa technique et ses secrets*, Bordas, Paris, 1965. Parmi les plats qu'on sert au Grand Véfour figure l'œuf au plat « Louis Oliver » (le père de Raymond).

cutions raciales le vieux Sabatino Lopez en l'emmenant – voire en l'emportant, au premier sens du terme – jusqu'en Suisse en empruntant des passages de contrebandiers. De retour chez lui après cet effort remarquable, il demanda à sa femme de lui préparer une omelette de vingt-quatre œufs, qu'il mangea avec satisfaction jusqu'au bout, avant de « saucer » soigneusement son assiette, c'est-à-dire de la nettoyer avec du pain.

Personnellement, j'aime aussi les omelettes comme on les fait en Allemagne, avec un seul œuf (plus farine et lait). En voici la recette :

Dans une jatte, bien mélanger deux cuillerées de farine et environ une tasse à thé de lait. Le mélange doit être assez liquide et lisse. Saler, ajouter un œuf battu et recommencer à mélanger. Versez la pâte dans une poêle anti-adhésive où on aura fait chauffer de l'huile et du beurre. Dès que la pâte se solidifie, retourner l'omelette en ajoutant un morceau de beurre. Baisser le feu, couvrir et laisser cuire pendant encore cinq minutes au moins, en secouant la poêle de temps à autre pour que l'omelette n'attache pas. Si la poêle est petite, la dose suffit pour deux omelettes.

Cette omelette s'accorde bien avec une salade de laitue assaisonnée à l'allemande, c'est-à-dire avec de la crème aigre (on peut la remplacer par du yaourt), de l'oignon émincé très fin, du vinaigre, du poivre noir et du sel. (On peut utiliser le même assaisonnement pour les concombres.)

On peut également la manger en fin de repas, comme dessert, accompagnée d'une confiture de fruits des bois : mûres, myrtilles, roses des chiens (cynorhodons).

Dire que plus les œufs seront frais, meilleure sera l'omelette, c'est enfoncer une porte ouverte. Pourtant, Bartolomeo Scappi, le cuisinier secret du pape Pie V, avait là-dessus des idées différentes : « On battra ensemble huit œufs pondus de deux jours, qui sont meilleurs que les frais pour faire l'omelette, car les œufs frais donnent une omelette plus dure, et sans le beau jaune qu'on obtient avec des œufs plus vieux[1]. »

Va savoir. Cela m'a quand même tout l'air d'un raffinement excessif, comparable à celui dont Brillat-Savarin fait preuve, quand il écrit : « Notre époque n'est-elle pas celle de ceux qui ont découvert la saveur particulière de la cuisse sur laquelle la perdrix s'appuie en dormant[2] ? » Ou à celui de certains super-connaisseurs en vin, lorsqu'ils conseillent à celui qui doit aller chercher une bouteille à la cave d'effectuer le trans-

1. *Opera di Bartolomeo Scappi, mastro del l'arte del cucinare, con la quale si può ammaestrare qualsivoglia Cuoco, Sclaco, Trinciante o Mastro di Casa. Divisa in sei libri... Con le figure che fanno di bisogno nella Cucina...*, Alessandro de' Vecchi, Venise, 1622. [En français, ce titre prolixe, comme on les aimait autrefois, donnerait : *Œuvre de Bartolomeo Scappi, maître en l'art de cuisiner, où l'on trouvera le savoir que doit acquérir tout cuisinier, trancheur, découpeur ou maître de maison. Divisée en six livres... Illustrée de figures utiles en cuisine.* N.d.T.]

2. Anthelme Brillat-Savarin, *op. cit.*

port très, très lentement, à savoir en laissant la bouteille reposer un jour et une nuit à chaque marche, afin de ne pas en traumatiser le contenu par un trop brusque écart de température.

Lapin et polenta

Le dimanche, aux alentours de midi, des fenêtres de via Cavour s'échappe un exquis fumet de lapin au vin en ragoût. La sauce du lapin, c'est l'idéal pour la polenta. « Ça descend comme une lettre à la poste[1]. »

Le passant solitaire ne peut s'empêcher de s'arrêter sous une fenêtre, comme si de l'intérieur du salon-cuisine, à travers les bacs de géraniums, lui parvenait une musique magnifique, qui vient emplir ses poumons d'un son appétissant. En réalité le silence dominical est absolu, au point qu'on se prend à penser que le lapin, donnant ainsi une ultime preuve de sa bonté innée, est en train de se faire cuire tout seul.

Mais ce n'est pas comme cela que les choses se passent. La première tâche est même plutôt dure : prendre un lapin d'un kilo et demi et le couper en petits morceaux sans en briser sauvagement les os.

1. Anthelme Brillat-Savarin, *op. cit.*

Après, on a mérité un moment de repos. On se boit une ou deux gorgées de vin blanc bien froid, et on retourne au lapin.

On fait revenir les morceaux dans un mélange d'huile et de beurre, avec du romarin et du poivre noir. On sale, on mouille d'un verre de vin blanc et on en laisse la moitié s'évaporer. On verse alors du bouillon, jusqu'à couvrir entièrement le lapin, maintenant méconnaissable. D'après les cuisiniers chinois, c'est une qualité. Au contraire, après avoir cuisiné (entier) un faisan ou un paon, les Romains de l'Antiquité mettaient un point d'honneur à faire porter à table un faisan ou un paon ressemblant le plus possible au volatile vivant : on lui réenfilait les plumes qu'on lui avait arrachées avant de le faire cuire, et on lui faisait prendre sur le plat de service une position d'un naturel parfait.

On laisse mijoter le lapin à couvert et à feu doux. Il doit cuire pendant une heure et demie environ. Au bout de trois quarts d'heure, on peut ajouter quelques légumes (pas trop) : pommes de terre en dés, petits pois, haricots frais. Puis, un quart d'heure avant la fin de la cuisson, on ajoute à la sauce le complément que voici avec un peu de persil haché : dans une tasse, on met une noix de beurre, une cuillerée de farine et, petit à petit, on verse du bouillon bouillant en mélangeant sans cesse avec une cuillère en bois. On verse ensuite le tout dans la casserole où a cuit le lapin et on mélange bien. La sauce, c'est ce qu'il y a de meilleur dans ce plat, et il faut qu'elle soit abondante et pas trop dense. Pendant ce temps, quelqu'un se sera chargé de préparer la polenta.

Via Cavour, au-dessus de la porte de la maison où j'habite en été, il y a une modeste fresque qui représente saint Laurent tenant verticalement devant lui l'instrument de son martyre : le gril. Sans le vouloir, le saint en indique le meilleur usage (en cuisine) : dressé devant le feu, et non posé dessus. Si on utilise le gril horizontalement, la graisse fondant sous l'action de la chaleur coule sur la braise, qui s'embrase et dégage une fumée qui donne un désagréable goût de moucheron aux aliments. Si, par contre, on l'utilise verticalement (je parle bien sûr d'un de ces grils en deux parties qui se referment en tenaille sur les aliments à cuire), on peut commencer la cuisson même si le bois brûle encore un peu, sans attendre la formation de la braise. Pour que le gril – qui contient, disons, un bifteck – tienne debout, il suffit de l'installer sur la grosse grille à quatre pieds qu'on pose en général sur la braise ; on le coincera devant le feu, au fond de la cheminée.

Pour le poulet, c'est l'idéal. Vous le coupez en quartiers et vous disposez les morceaux sur le gril, en plaçant tous les côtés où il y a de la peau tournés dans le même sens, et les morceaux les plus gras en bas, là où la chaleur sera la plus forte. Vous salez, vous moulinez du poivre noir d'une main généreuse, vous ajoutez quelques feuilles de laurier et de sauge, et quelques petites branches de romarin. Vous refermez le gril et, devant le feu, tout près, vous placez d'abord le côté de la peau, le plus gras, que vous laissez cuire jusqu'à ce qu'il soit bien rôti. Il ne faut pas avoir peur d'en faire trop : toute la graisse doit s'écouler, et la peau doit devenir croquante, foncée, presque brûlée. Tournez alors le gril de l'autre côté. Comme de ce côté-ci il n'y a pas de graisse, ça brûle moins. Enfin, éloignez le gril du feu et laissez cuire plus lentement, de part et d'autre, l'intérieur de la viande. Une demi-heure plus tard environ le poulet est cuit.

Si vous voulez ajouter une touche raffinée, vous aurez préparé un bouquet de fenouil sauvage ou de laurier à jeter sur la braise, au dernier moment, avant de passer le poulet dans les flammes, mais sans trop insister. Celui qui a mangé de la viande cuite de cette façon devient ensuite pareil au tigre des Indes, à l'époque de Salgari, dès qu'il avait connu la chair humaine : il ne veut plus rien savourer d'autre.

Pigeon farci

Le Grotte del Piccione (Les Grottes du Pigeon), via della Vite, à Rome, est un restaurant ouvert en 1927, dans une grotte que le grand-père des patrons actuels possédait dans l'une de ses propriétés de campagne à la Pineta Sacchetti, où il invitait ses amis à manger à l'abri de la chaleur. Au-dessus de la grotte, il y avait des pigeonniers. C'est en 1930 que Les Grottes du Pigeon fut transféré via della Vite (il est plus facile de s'y rendre). Ce n'est plus une grotte et, au-dessus, à la place des pigeons, il y a les locataires de la maison. Mais peut-être peut-on trouver encore quelques pigeons sur la carte du restaurant...

Le mot restaurant me fait irrésistiblement venir en mémoire un personnage de Delfini, assis (ou presque) à table : « Il était dix heures du soir : en face de moi, assis à une table à côté de la cuisine, se tenaient cinq personnages, dont l'un (qui n'était pas assis, mais accroupi comme un chien) était un grand chien de chasse[1]. »

1. Antonio Delfini, *Misa Bovetti e altre cronache*, All'Insegna del Pesce d'Oro, Milano, 1960. [*Misa Bobetti et autres chroniques.* N.d.T.]

Les pigeons se divisent en deux genres, les comestibles et les non-comestibles. Les pigeons non comestibles sont en train d'envahir Milan. Un premier groupe (mis là par qui ?) prolifère sur Piazza del Duomo. De là, ils partent ensuite dans toutes les directions, des colonies entières de pigeons pèlerins qui fuient les touristes, la nourriture standardisée et les photographes. Si, plutôt que des pigeons non comestibles, il y avait des poulets... il n'y en aurait pas. Et Piazza del Duomo serait différente. Au lieu de quoi le nombre de nos pigeons augmente sans cesse, de manière inquiétante.

Le lieutenant F. Hall « observa un vol de pigeons passant entre Francfort et le territoire d'Indiana. Il mesurait au moins un mille de largeur et mit quatre heures à passer. À la vitesse d'un mille par minute, cela fait une longueur de deux cent quarante milles ; et en supposant une densité de trois pigeons par yard carré, on arrive à un total de 2 230 272 000 pigeons[1] ». De quoi rassasier l'Inde et la Chine en une seule fois.

Mais la race du pigeon migrateur américain s'est éteinte. Le dernier spécimen, une femelle du nom de Martha, est mort le 1er septembre 1914 au jardin zoologique de Cincinnati, probablement sans se rendre compte qu'il était le dernier de tant de milliards de frères et de sœurs. Son corps a été embaumé, et on peut le voir à la Smithsonian Institution, à Washington.

1. Voir « La mille et deuxième nuit de Shéhérazade », in *Racconti e arabeschi*, d'Edgar Allan Poe.

Nous sommes tellement habitués à considérer les pigeons comme des casse-pieds, des volatiles immangeables, à l'instar des hirondelles et des corbeaux, que nous sommes tout surpris de croiser leur nom sur la carte d'un restaurant, comme si nous lisions : corneille farcie, ou corneille aux olives ou « à la façon du chef ». En réalité, on a toujours mangé et apprécié les pigeons – les bons. Autrefois, il y avait des pigeonniers partout, souvent très beaux côté architecture, comme celui de Minerve, qu'on attribue au Vignola[1]. En Vénétie, les pigeons,

1. Jacopo Barozzi, dit le Vignola (1507-1573). Architecte originaire de Modène, contemporain de Michel-Ange, avec lequel il eut l'occasion de col-

appelés *toresani* parce qu'ils vivent dans les tours, sont considérés comme un mets de choix. Afin d'en avoir sous la main à tout moment, les aubergistes les conservent dans un tonneau, comme les anchois, prêts à être servis à table sans délai.

La bonne saison pour les pigeons ? Pour les pigeons, c'est toujours la bonne saison – c'est-à-dire, pour eux, la mauvaise : ils couvent tous les deux mois et on les mange quand ils ont vingt-cinq jours.

La meilleure façon de les cuisiner ? On ne peut pas ne pas évoquer les pigeons farcis de Gadda, « rôtis à la casserole avec du romarin et des pommes de terre nouvelles un peu sucrées mais pas trop, et plutôt petites, mais déjà un peu fripées, qu'on avait laissé cuire dans le jus qu'avaient donné les susdits pigeons : qui avaient été à leur tour farcis, selon une recette andalouse, avec de l'origan, de la sauge, du basilic, du thym, du romarin, de la menthe, et du piment, des raisins secs, du lard de truie, des cervelles de poulet, du gingembre, du poivre rouge, des clous de girofle, et encore des pommes de terre fourrées là-dedans – comme s'il n'y en avait pas assez avec celles de la garniture –, c'est-à-dire par le derrière du pigeon ; lesquelles pommes de terre s'étaient transformées pour ainsi dire en une seconde chair, tant elles s'étaient incorporées à l'arrière-train : comme si l'oiseau, une fois rôti, avait

laborer pour la construction de la basilique Saint-Pierre ; on lui doit la cour du palais Farnese, à Rome, actuellement siège de l'ambassade de France. N.d.T.

acquis d'autres viscères, mieux adaptées à son nouveau statut de poulet rôti, mais plus petit et plus gras qu'un poulet parce qu'en réalité c'était un pigeon[1] ».

Et c'est ici que nous retrouvons Delfini.

Avec quel vin ? Laissons tomber le sommelier et tenons-nous en encore à Gadda : « Un blanc de cinq ans extra-sec, de la maison Gabbioni Empedocle & Fils, Albano Laziale, à en rêver jusqu'à l'intérieur du commissariat, le vin, le verre, le Père, le Fils et le Latium[2]. »

Gadda est l'auteur d'une célèbre recette du risotto à la milanaise[3], qui a fait l'objet, il y a quelques années, d'une analyse critique, assortie d'une comparaison avec la recette correspondante d'Artusi, dans le cadre d'une étude menée par le séminaire d'italien de l'université de Fribourg (Suisse), publiée par la maison Juris Verlag, Zurich, 1975. « La préparation du risotto n'est pas prescrite, elle est racontée. » C'est ce qui fait toute la différence.

Malheureusement, la bonne recette ne suffit pas. Le risotto à la milanaise est en train de perdre toute son exquise saveur parce que le safran, qui lui confère cet arôme extraordinaire, sort de son emballage un peu plus insipide chaque année. Le

1. Carlo Emilio Gadda, *La Connaissance de la douleur.* Curieusement, alors que Gadda, gros mangeur, mettait une véritable passion à décrire les merveilles de la gastronomie, cuisiner était pour lui un insupportable calvaire.

2. Carlo Emilio Gadda, *L'Affreux Pastis de la rue des Merles* (p. 66).

3. Carlo Emilio Gadda, *Les Merveilles d'Italie.* La dose de safran qu'indique Gadda est peut-être un peu excessive : deux cuillerées à café pour huit personnes ; ramenées, « pour les estomacs timorés », à deux cuillerées rases.

safran de la ville d'Aquila, ce trésor italien méconnu, se fait de plus en plus rare, supplanté qu'il est par un safran d'importation presque dénué de goût et relégué au rang de simple colorant.

Avec le risotto à la milanaise, cela en surprendra certainement plus d'un, on peut manger des petits oignons au vinaigre. Voici comment.

Avec sa cuillère (le vrai Milanais mange son risotto à la cuillère parce qu'il l'aime bien liquide, mais on peut très bien aussi utiliser une fourchette), on aplatit soigneusement le risotto sur l'assiette, opération que d'aucuns jugent aussi vulgaire que de nouer sa serviette autour de son cou, mais qu'il faut pourtant faire. Le long du bord du risotto, mais sans toucher celui de l'assiette, qui doit toujours rester immaculé, on parsème quelques petits oignons de Côme, au vinaigre rouge, coupés en quatre, et on asperge le risotto de quelques gouttes de ce vinaigre. On mange le risotto en complétant une bouchée sur deux de l'un de ces petits oignons.

Financière

Via Fiori Chiari, via San Carpoforo, via Madonnina, noms de toute beauté, mais que le souvenir d'un passé pas si ancien de maisons closes rend équivoques.

Le numéro 1 de via Madonnina est aujourd'hui fermé, les fenêtres sont barrées par des planches, comme celles de ces bâtiments abandonnés en attente d'être démolis. C'est une tranche décrépite de maison entre via Madonnina et via Mercato, comme il y en a tant dans le Paris d'Utrillo. C'est ici, à l'époque de Paolo-Valera[1], que tournait le plus célèbre des trois cents *bòis* de Milan, ces restaurants de dernière zone que le petit peuple appelait les *sesmilaquindes*, c'est-à-dire, en dialecte, les 6015 : un numéro de prisonnier de la « Bassa », le pénitencier de Mantoue, choisi parce qu'il ressemble à la graphie du mot BOÌS.

Que pouvait-on manger dans un 6015 ?

La *rome* (ou *rosticianna*, de la viande de basse

1. Cf. Paolo Valera, *op. cit.* Les répliques retranscrites plus loin appartiennent toutes au chapitre intitulé « Les “bòis” ».

qualité frite dans du saindoux avec des oignons), la *venise* (des tripes), l'*espagnole* (des patates rôties), les *màccheri al sughillo* (des macaronis en sauce), les *vers* (des vermicelles), les *nerveux* (des tendons aux vinaigre), la *galbe* (de la soupe), la *polenta veuve* (de la polenta améliorée), l'*écailleux* (du poisson), les *truffes* (patates) rôtis et en salade. Et, pour finir, un petit verre de *rageuse* (eau-de-vie).

« Une soupe, avec trois quarts de pain mixte et huit [centimes] de bagniffa », dit un client.

Un autre client :

« Quinze [centimes] de trot [cheval] et une quinte de savoyard [barbera]. »

Un autre :

« Donne-moi dix de république [un méli-mélo de viande trop cuite avec des oignons et des patates] et une demi-miche.

– Du vin ?

– Non, je suis un peu barbouillé ; donne-moi plutôt un verre d'eau.

– Dix de république et une sicilienne [un verre d'eau]. »

Le garçon (autre commande) :

« Dix centimes de merle [merlan] pour ce monsieur, là-bas, au fond... aux pieds nus. »

Pour nous refaire la bouche, écoutons « Fricassé de la roque de Cancale », qui parle de « langue *à l'écarlate*, de choux-fleurs *à la sauce veloutée*, de veau *à la Sainte-Menehould*, de *marinade à la Saint-Florentin* et de gélatine d'orange *en mosaïque*[1] ». Fricassé est un personnage (culinaire, évidemment) inventé par Poe ; la roque de Cancale, que la traduction laisse dans le flou, n'est autre que Le Rocher de Cancale, un des plus fameux restaurants parisiens du XIXe siècle. Quant au veau à la Sainte-Menehould, Poe nous explique ce que c'est dans un autre récit : « Un petit veau rôti, apprêté entier et à genoux sur un plateau avec une pomme dans la gueule, à la façon dont on a coutume de servir le lièvre en Angleterre[2]. »

Sainte-Menehould est une petite ville baignée par l'Aisne, capitale culinaire de la Champagne, connue pour plusieurs spécialités gastronomiques, dont les très célèbres pieds de porc à la Sainte-Menehould. Dans son *Grand Dictionnaire de cuisine*, Alexandre Dumas raconte que Desmoulins, sachant que c'était faux, fit courir le bruit que Louis XVI avait été arrêté à Sainte-Menehould (alors que chacun sait qu'il fut arrêté à Varennes) parce qu'il n'avait pas voulu passer par là sans s'arrêter pour manger de ces fameux pieds de porc.

Revenons un moment en arrière.

« Parlez-moi du marquis de Nointel.

– Louis de Béchameil, marquis de Nointel, fut un financier illustre... surintendant de la maison du duc d'Orléans.

– Bien.

1. Edgar Allan Poe, *op. cit.* « Lionizing ».

2. Edgar Allan Poe, *ibid.*, « Le système du docteur Goudron et du professeur Plume ».

– Il naquit en mille six cent trente et mourut à Paris en mille...

– ... en mille ?...

– ... sept cent...

– ... sept cent ?...

– ... trois.

– Très bien. Et qu'a-t-il fait de particulier, qui a valu à son nom d'arriver jusqu'à nous ?

– Je... je ne m'en souviens pas...

– Voyons ! Une invention qui, partout où on la trouve, apporte, si l'on peut dire, une touche de raffinement aristocratique.

– Je...

– Et qui n'a rien à voir avec les finances... ni avec la financière, ce pont exquis entre cuisine pauvre et cuisine raffinée... Enfin, Béchameil !... La béchamel ! La sauce béchamel, la reine des sauces blanches ! La sauce qu'Artusi appelle *bal-*

samella[1], comme si son inventeur était Giuseppe Balsamo, qui se faisait appeler Alexandre, comte de Cagliostro, ou bien marquis Pellegrino...

De quoi étions-nous en train de parler ? Ah oui, de la financière. Un plat (ou une sauce) bourré d'imagination. Il suffit d'énumérer ses ingrédients : ris, amourettes et crêtes de poulet, olives, citron, beurre, vinaigre, bouillon, persil... Décidément, la cuisine est le lieu des accouplements les plus imprévisibles. Qu'on songe aux seiches et aux petits pois qui, « venus respectivement les unes des abysses de la mer, les autres des viscères de la terre, se rencontrent dans une poêle en grésillant. Dès lors, leurs destins sont liés. De prime abord, il y a entre eux un peu de froideur[2] », mais ensuite, grâce aux fourneaux...

1. Pellegrino Artusi, *La scienza in cucina e l'arte di mangiar bene*, R. Bemporad e figlio, Firenze, 1909. [*La science en cuisine et l'art de bien manger.* N.d.T.]

2. Achille Campanile, *Gli asparagi e l'immortalità dell'anima*, Rizzoli, Milano, 1974. [*Les Asperges et l'immortalité de l'âme.* N.d.T.]

Soupe blanche de Galeno

James Fenimore Cooper n'a pas seulement écrit *Le Dernier des Mohicans* et nombre d'autres romans très célèbres en leur temps, il a aussi fondé et présidé à New York le Bread & Cheese Club (le club Pain et Fromage). Le Bread & Cheese Club s'appelle aussi Lunch Club, car qui dit *bread and cheese* dit *lunch*, ce repas léger que les Anglo-Saxons prennent à midi – ainsi que les Grecs, ou les Romains de l'Antiquité. Au XVIe siècle, Gerolamo Cardano écrivait d'ailleurs dans son *Autobiographie* : « Au déjeuner, j'ai toujours pris un repas plus léger qu'au dîner. »

Le lunch consistait souvent en une soupe blanche de Galeno, c'est-à-dire des poireaux bouillis, coupés en morceaux, servis dans un peu de leur eau de cuisson, assaisonnés d'huile, de vinaigre et de sel, à quoi je conseillerais aujourd'hui d'ajouter du poivre noir : excellent plat, auquel Galeno devait également attribuer des vertus curatives.

J'imagine que la soupe blanche s'appelait comme ça parce qu'il ne fallait utiliser que le blanc des poireaux, comme le recommande n'importe quel livre de cuisine ; mais quand on se retrouve devant ses pauvres poireaux, on a rarement le courage de suivre scrupuleusement ce conseil, et on glisse quand même dans la casserole un peu de vert, ce qui du reste n'ôte rien à la qualité de la soupe.

Cardano fut le plus célèbre médecin européen du XVIe siècle et, comme mathématicien, il se montra capable d'illustrer et d'assortir de démonstrations la résolution des équations du troisième degré, à laquelle Nicolas Tartaglia était parvenu le 2 février 1531. Mais dans son *Autobiographie*, il raconte aussi avoir vu un coq qui lui parla avec une voix humaine, et à propos de cuisine, il écrit : « Les moyens pour préparer les aliments sont au nombre de quinze : feu, cendre, bain, eau, casserole, poêle, broche, gril, pilon, fil et dos du couteau, râpe, persil, romarin et laurier. » Cesare Lombroso, le célèbre aliéniste du XIXe siècle, décréta qu'il était fou.

Ragoût cimetière

Springs est un agréable endroit en bord de mer, pas bien loin de New York, avec de grands bois où l'on peut encore rencontrer, presque comme à l'époque de Cooper, des cerfs, des petits lapins sauvages, des tortues, des renards, des écureuils et des ratons aux yeux cernés de noir qui, la nuit, poussent leur quête de nourriture jusque dans les poubelles.

C'est en 1907 qu'a été capturée la dernière baleine dans les eaux de Springs. Elle mesurait cinquante-sept pieds de long et on en tira deux mille gallons d'huile. Les derniers Peaux-Rouges du coin, les Shinnecock, ont quitté désormais les pages des romans de Cooper et, l'été, ils se produisent dans des danses folkloriques. Les Mohicans ont par contre totalement disparu de la surface de la terre. Le dernier des Mohicans, comme Cooper le raconte, s'appelait Uncas (Cerf agile), et il mourut en brave. Grâce à Cooper, nous avons également connu l'avant-dernier des Mohicans. Il s'appelait Cingachgook (Grand Serpent) et était le père d'Uncas. Leur façon de retrouver leur chemin dans les forêts les plus touffues, y compris dans l'obscurité, était légendaire. Il n'y a pas si longtemps, d'ailleurs, un Peau-Rouge de Springs, Steve Talkhouse, répondit à un Blanc qui lui proposait de le déposer en voiture : « Non merci, je suis pressé » ; il voulait dire par là qu'en prenant par les sentiers qui traversent les bois et les champs, et que seuls les Indiens savent reconnaître, il était certain d'arriver à destination avant l'automobiliste.

La cuisine locale ne compte aucun plat qui vienne de la cuisine des Indiens. C'est une chance, car les Peaux-Rouges, du point de vue culinaire, sont sans aucun doute le peuple le moins doué du monde. Parmi les plats du coin, on en trouve cependant un pour le moins curieux : le *graveyard stew* – littéralement : le ragoût cimetière –, qu'on donne habituellement aux gens gravement malades. C'est une soupe à base de pain et de lait, facile et rapide à préparer : on grille une tranche de bon pain, on la tartine de beurre, on la met au fond d'une assiette creuse, on ajoute du sel et du poivre et on verse dessus une tasse de lait chaud, mais pas bouillant. Pour celui qui est en bonne santé, c'est une excellente soupe ; pour un malade au courant des traditions locales, c'est une expérience résolutive.

Un petit groupe d'Indiens Shinnecock avait suivi mon discours jusque-là en silence. Mais voilà que l'un d'eux, le vieux chef Canoë resplendissant, ouvrit la bouche et dit :

« Ce n'est pas vrai qu'aucun plat de notre

cuisine n'a été conservé. Le *succotash* est un plat indien. »

Effectivement, il n'avait pas tort, le *succotash* est un plat indien, composé de maïs et de haricots cuits ensemble, qui aujourd'hui ne joue plus que le rôle de garniture, et qu'on trouve souvent dans une version raffinée, où les haricots sont remplacés par de petits morceaux de haricots verts (avec beurre).

« Le *squaw disk* (œuf, lard et l'incontournable maïs) aussi est un plat indien », ajouta un autre.

« Vous avez raison, dis-je ; mais ça ne vaut quand même pas grand-chose. »

Canoë resplendissant toussa, et se mit solennellement debout. *Dieu leur a donné assez, mais eux veulent tout. Ainsi sont les Visages pâles.*

Ayant dit ces mots (qui font partie, comme ceux en italique qui viennent ci-après, du *Dernier des Mohicans*), il se dirigea d'un pas souple et silencieux vers la forêt. *Les autres le suivirent un par un, dans cet ordre bien connu qui vaut qu'on parle de « file indienne ».*

Bouillon de corneille

Après dîner, Kafka allait aussitôt se coucher jusqu'à une heure du matin. À une heure, il se mettait à écrire jusqu'à quatre ou cinq heures, puis il se recouchait jusqu'au moment où il devait se lever pour aller au bureau. Dans une lettre des 14-15 janvier 1913 à son amie Felice, il décrit sa manière idéale de vivre et de travailler : « J'ai souvent pensé que la meilleure façon de vivre serait pour moi de me trouver au cœur le plus intime d'une cave très vaste et fermée, avec le nécessaire pour écrire et une lampe. On m'apporterait à manger, mais la nourriture devrait toujours se trouver loin de l'endroit où je serais, derrière la dernière porte de la cave. Le déplacement nécessaire pour que j'aille chercher à manger, en robe de chambre, en marchant sous les voûtes de la cave, serait mon unique promenade. Ensuite je regagnerais ma table, je mangerais avec lenteur et concentration, et je recommencerais aussitôt à écrire. »

Dans sa biographie de Kafka, Max Brod dit que « il y a des auteurs (Hebbel, Grillparzer) dont Kafka aimait mieux les journaux que les œuvres : c'est du moins ce qu'il me semblait ». Il ne me paraît pas irrévérencieux de penser la même chose de Kafka lui-même : à savoir que ses journaux (et ses lettres) sont ce qu'il a fait de meilleur.

Il était végétarien et se souciait peu de cuisine. Dans son *Journal*, il fait allusion à un dîner de la Saint-Sylvestre, modeste mais non dénué de finesse, « avec des scorsonères et des épinards arrosés d'un quart de Xérès » ; un dîner « de fraises » ; un autre dîner, à Berlin, avec du « riz à la Trautmannsdorf – dessert appelé aujourd'hui "riz à l'Impératrice" – et une pêche ».

De Milan, il garde le souvenir d'une tarte aux pommes qu'il a mangée « dans la cour des Marchands », et de la bière, qui « a l'odeur de la bière, le goût du vin ».

Mais il faisait une exception, qu'on peut sans doute comprendre, quant au bouillon. « Vous me dites cela avec la même mauvaise humeur que quelqu'un qui aurait trouvé un poil dans son bouillon », dit l'un de ses personnages. Et dans un autre texte on lit : « Il me sourit comme s'il m'apportait le meilleur bouillon concentré[1]. »

Le nom de Kafka – c'est encore Max Brod qui parle – est d'origine tchèque et, correctement orthographié *Kavka*, il signifie littérale-

1. Franz Kafka, *I racconti*.

ment « corneille ». Si ce n'était pas un oiseau aussi peu plaisant, je dirais qu'il fait penser au visage ténébreux de Kafka. « La chair de ce volatile, écrit un naturaliste du XIXe siècle, suscite la répugnance, mais elle donne un bouillon excellent, tant au goût que pour la santé. »

Jambon cuit à l'ananas

De l'année 1938...

Comprimé dans la petite foule des clients de la charcuterie, je rêvais debout, comme un cheval, en attendant mon tour.

... de l'année 1938, j'ai surtout gardé le souvenir... du jambon cuit de Trieste.

On n'a plus idée, aujourd'hui, de ce qu'est le jambon cuit, de ce qu'il peut être. À l'époque, il y en avait partout, du jambon avec son os, dans ses langes roses de gras goûteux enveloppant le maigre juteux et magnifiquement tendre. Mais à Trieste, c'était encore mieux : Vienne et Prague étaient à deux pas, et avaient longtemps été plus près encore. Le résultat en était bien visible dans les vitrines des charcuteries, il fumait sur le zinc des snack-bars... On s'en fait couper une tranche de trois ou quatre millimètres d'épaisseur, et on la jette sur la plaque bien chaude avec quelques tranches d'ananas. La viande de porc, comme les Chinois le savent, s'entend très bien avec le sucré. L'ananas prend l'arôme et la couleur brune du sucre brûlé.

Saveur nouvelle, exotique, venue des lointaines îles Hawaii en traversant la Virginie, mère patrie de plusieurs présidents et jambons...

« Cent grammes de jambon cuit », dit le client juste avant moi. Son regard était fébrile, ses mains tâtaient sa veste en tremblant.

Le charcutier, en revanche, souriait. Comme toujours. Il préleva sur un plan de marbre un bloc carré de bouts de viande agglomérés et colorés d'un rose violemment optimiste, et le palpa affectueusement.

« Rien que du maigre », dit-il en le posant sur la trancheuse.

Les autres clients en attente, serrés comme le jambon dans la petite boutique, firent entendre un murmure d'approbation.

Sèches comme des feuilles de plastique, les tranches s'accumulaient sur la balance. Le charcutier les déposait soigneusement, avec les mêmes doigts qui lui avaient servi, une minute plus tôt, à rendre la monnaie sur dix mille lires. Jambon et microbes.

« Cent grammes tout rond », conclut-il, en ajoutant un microbe pour faire bonne mesure, avant de s'essuyer les mains sur son tablier publicitaire.

Il fit un élégant paquet, l'attacha à l'aide d'un petit ruban, et, avec son couteau, en fit frisotter les extrémités.

Le client glissa sa main droite, tremblante, dans sa poche.

Mais au lieu de son portefeuille, il en tira

un pistolet et, avant que quiconque pût l'arrêter, il fit feu sur le charcutier et sur la femme dudit, qui se tenait debout à ses côtés derrière le comptoir.

« Ça vous apprendra, hurla l'assassin – mais pour ces deux malheureux gros malins, il était hélas un peu tard pour apprendre – à accepter de vos fournisseurs ces blocs de plastique à la place du jambon cuit, et à servir du plastique à vos clients. Et je vais aussi tuer les clients qui acceptent le plastique comme jambon !

« Chef », continua-t-il, de plus en plus excité, en dirigeant vers moi le canon de son arme encore fumante, vous vouliez acheter quoi ?

– Des anchois salés, m'entendis-je dire.

– Pas du jambon cuit ?

– En aucun cas. Je vois que vous êtes amateur de bon jambon cuit, et je prends la liberté de vous donner un conseil. Allez donc à Trieste. C'est le seul endroit où vous avez encore une chance de trouver du bon jambon cuit. N'attendez pas demain, allez-y aujourd'hui.

– Bien, chef, dit-il en rengainant son pistolet dans la poche intérieure de sa veste. Et pour aller à la gare des chemins de fer ?

Plusieurs clients lui indiquèrent avec empressement l'arrêt du métro au bout de la rue.

L'entendre dire « gare des chemins de fer » m'avait permis de comprendre qu'il s'agissait d'un être faux, indigne non seulement d'un authentique jambon cuit, à propos de quoi il avait par ailleurs dit des choses absolument exactes, mais encore d'une simple conserve de viande dans une boîte en fer blanc. Rien en lui n'était vrai.

Et le fait est que, dès qu'il fut sorti de la boutique, le gros malin et sa femme se remirent debout derrière leur comptoir, comme si de rien n'était.

« À qui le tour ? »

Sanguic

Les restaurants américains sont redevables aux gangsters mafieux (c'est leur seule œuvre louable) d'une sensible amélioration de la cuisine qu'ils servent. Les gens de la mafia ont toujours accordé à la table une grande importance : et c'est d'ailleurs à table que beaucoup d'entre eux ont été abattus. Arrivé en 1903 en Amérique de sa Sicile natale, Joe Cipolla (nom prophétique : en italien, *cipolla* signifie « oignon »), qui a été le cuisinier de trois générations de chefs, de parrains, de *big shots*, de gros bonnets, de durs à cuire, de *grease balls* et autres hommes d'honneur, a réuni dans un petit livre, *The Mafia Cookbook*[1], le plus beau fleuron de son expérience, du poulet à la Valachi aux « pigeons à la lupara[2] », en passant par la caponata[3] à la Al Capone...

1. Joe Cipolla, *La cucina di casa (cosa) nostra* [*La Cuisine de chez nous.* Le titre joue sur la proximité entre *casa nostra* (« notre maison », « chez nous ») et *cosa nostra* (littéralement « notre chose à nous », expression qui désigne la mafia). N.d.T.]

2. *Lupara* : nom d'un fusil à canon court, à charge de chevrotines, originellement destiné à la chasse au loup et au sanglier, mais traditionnellement reconverti en Sicile comme instrument du règlement de compte(s). N.d.T.

3. « Caponata » : plat sicilien à l'aigre-doux, à base d'aubergines coupées

L'habitude de prendre un lunch vite fait à midi a d'autre part donné naissance à des sandwiches en tous genres : certains sont colossaux ; ils ont plusieurs étages, et il est difficile de les manier sans une certaine pratique. « Les Américains, dit Chandler, dévorent n'importe quoi, pourvu que cela soit grillé, maintenu par deux cure-dents, et que cela contienne une ou deux feuilles de laitue, de préférence flétries, dépassant de part et d'autre. »

Un tel sandwich, selon Chandler, a « autant de goût qu'un pan de vieille chemise[1] ». Mais il y en a aussi d'excellents. Parmi les meilleurs, le Bielti (*b*, *l*, *t* – initiales de *bacon*, *lettuce* et *tomato* : lard fumé, laitue, tomate). Entre deux tranches de pain de mie grillées, des feuilles de laitue croquante, des tranches de tomates et des rondelles de cornichons aigre-doux, un tout petit peu de mayonnaise, et deux ou trois tranches de bacon frites à la poêle, croquantes comme la laitue. Tandis qu'il volait sur le *Spirit of Saint Louis* vers le lointain Paris (20 mai 1927), Lindbergh, qui, pour économiser le carburant, maintenait son avion à si basse altitude qu'il sentait les embruns fouetter son visage,

---

en petits morceaux, frites à l'huile d'olive, auxquelles on ajoute du céleri, de l'oignon, des câpres, des olives, et de la tomate. N.d.T.

1. Raymond Chandler, *Il lungo addio*, in *Tutto Marlowe investigatore*. Raymond Chandler (qui a vécu à une époque que caractérisent deux objets aujourd'hui disparus : le chapeau et le crachoir) est célèbre pour ses analogies. J'en rappelle une ici, l'une des rares qui aient un caractère comestible, car Philip Marlowe, gros buveur et gros fumeur, n'accordait que peu d'attention au manger : « il me regarda sans hâte, sans intérêt, comme s'il était en train d'observer un reste de viande bouillie » (*Le grand sommeil*).

avait pour toute compagnie une pile de sandwiches.

Je pense que le mot sandwich pourrait être rangé avec tous les mots courants d'origine étrangère, comme film et bar, qui en italien ont la propriété d'être invariables. Au pluriel, il faudrait donc écrire *due sandwich*, et non *due sandwiches*. En tout cas, certainement pas *sandwicks*, comme on peut le lire dans le livre (au demeurant fort plaisant) d'Olindo Guerrini que j'ai déjà cité, ni *sandwichs*, comme l'écrit Artusi[1]. À l'époque, ce que tout le monde étudiait, c'était le français ; l'anglais était encore une grande aventure. Enfin, si quelqu'un dit *Sanguic*, il n'a pas entièrement tort : outre que c'est une italianisation commandée par l'instinct, *Sanguic* évoque le rosbif saignant[2] qui, à l'origine, servait à garnir le pain du sandwich.

1. Pellegrino Artusi, *op. cit.*
2. En italien, « saignant » (à propos d'une viande) se dit « al sangue » (« au sang »). N.d.T.

Huître végétale au beurre

Lorsque les haricots verts sont d'excellente qualité, que le beurre est très frais et le poivre moulu directement au-dessus de l'assiette, une assiette de haricots verts au beurre et au poivre est sans aucun doute un des meilleurs plats qui soient. Ceux qui poussent dans les champs potagers des environs de Naples sont (encore ?) les meilleurs du monde : fins comme des vermicelles, goûteux, tendres, et bien évidemment sans trace d'aucun fil. Hélas, dès qu'on s'éloigne de Naples, il devient très courant de croiser le chemin de haricots verts avec fils. Le monde est plein de mystères. Dont celui-ci : pourquoi donc les agriculteurs s'obstinent-ils à semer des haricots verts *avec* fils ? Il en existe d'exquises variétés sans fils, et cependant, dès qu'arrive la bonne saison, *des milliers de maraîchers sèment des haricots verts avec fils.*

C'est un mystère qui peut s'expliquer par l'inertie : une fois que, dans une zone donnée, on trouve (depuis des siècles) des haricots avec fils, c'est d'eux que le maraîcher d'année en année tire ses graines, sans même penser à la possibilité d'un quelconque changement. Il n'y en a guère que quelques-uns pour se demander, de temps à autre : « Tiens, et si j'essayais d'acheter un peu de graines de haricots sans fils ? » S'il s'en trouve un qui a la force de passer de la pensée à l'action, au printemps suivant il récolte des haricots sans fils et le mauvais sort qui pesait sur son potager s'évanouit. Mais ce doit être un cas très rare : dans le cas contraire, tant de siècles ont passé depuis que l'homme mange des haricots que les fils, en effet, auraient disparu depuis un bon bout de temps.

Les mauvais légumes et les mauvais fruits ne sont pas seulement difficiles à remplacer par des bons : ils tendent aussi à se répandre comme le chiendent, et à prendre la place des meilleurs. Les insipides oranges « vanille » ont lancé un premier assaut contre les oranges classiques, un assaut qui a échoué, heureusement. Mais les grossières oranges « sanguines » ont ensuite rencontré le succès et une large diffusion, malgré un goût qui n'a définitivement plus rien à voir avec la saveur originelle du fruit. On pourra m'objecter que tous les goûts sont dans la nature. J'en conviens, comme j'en conviendrais si l'on me citait le même proverbe à propos d'un nécrophile (un amateur de cadavres). Avec les oranges, on observe une autre tendance générale chez les cultivateurs : arriver à un produit de plus en plus gros, sans jamais tenir compte du fait que les fruits les plus petits sont bien souvent les meilleurs. La scorsonère, que les Anglo-Saxons appellent huître végétale, se fait de plus en plus rare. Les délicieuses reines-claudes[1] (à plus de soixante-dix ans, D'Annunzio donna à sa dernière amante le surnom de Prune Claude) disparaissent des marchés, remplacées par des prunes qui n'ont aucun goût, ou qui ont un goût d'acétone.

Cette perte de sensibilité est en train de se répandre partout. Ceux qui font marcher radios et téléviseurs à plein volume et vont à la plage avec leur radiocassette portative, qui ne mangent que les fromages fondus dont la pub fait le battage, qui utilisent de la vanilline à la place des gousses de vanille, qui jettent leurs mégots de cigarettes sur les voies du métro, qui ne savent pas faire la queue, qui dédient leur dernier roman « À ma femme, qui a amoureusement tapé à la machine ce manuscrit », qui ont honte quand leur grand-père noue sa serviette autour de son cou, qui voudraient que les gardiens de prison, les éboueurs, les pompiers, les aveugles, les sourds s'appellent désormais agents de surveillance, employés à la propreté urbaine, ou, pire encore, chargés de mission à l'environnement, soldats du feu, non voyants et malentendants, qui disent zola pour gorgonzola et séisme pour tremblement de terre, qui souhaitent à leurs collègues de bureau un « bon travail », ceux-là sont les mêmes qui, à l'occasion

1. La reine-claude tient son nom de l'épouse de François Ier. N.d.T.

d'une excursion organisée par leur entreprise sur le lac de Côme, se regroupent en cercle compact autour d'une guitare désaccordée, de préférence sur le pont du bateau, et qui effectuent le trajet Côme-Bellagio aller et retour sans jeter le moindre coup d'œil à l'eau, aux rivages, aux villas, aux montagnes, au ciel. Le soir venu, au sortir de la gare, ils achètent un kilo de prunes à l'acétone, et l'excursion prend fin.

Ce sont encore les mêmes personnes qui jugent que les vendeurs de gaufres ou de marrons grillés, et les étalages des marchés sont des choses peu convenables, alors que tout ça transforme n'importe quel endroit anonyme des villes en un site attrayant, humain, thérapeutique, indiqué pour la cure des névroses de notre temps. Ô vous, marchands ambulants et marchandes ambulantes, vous, propriétaires de vieux bistrots pas encore « rénovés » par un jeu de fléchettes électronique, ou de vieux ateliers de menuiserie ; ô vous, rémouleurs, réparateurs de parapluies, rempailleurs, vendeurs de pastèques, de lupins, de chichis, de poires cuites ; ô vous qui habitez encore au fin fond des bas quartiers, entre les pissotières et les bacs à ordures, ou bien via Cucümero, à une porte sans numéro, vous auriez droit à la gratitude collective. En guise de quoi il y a des gens comme il faut pour dire : « Moi, si j'étais la mairie, j'interdirais la vente ambulante de marrons chauds. »

Malheureusement, le monde appartient à ceux qui ont tort. À ceux qui n'ont pas la force de Ralph Nader[1], il ne reste qu'une issue : boire pour oublier.

Boire, d'accord, mais pas trop. Debeliou-cifilds – autrement dit W. C. Fields (William Claude Dukenfield) –, bateleur et fantaisiste de grand talent, qui fit ensuite une carrière d'acteur comique du cinéma américain (il avait débuté à l'âge de onze ans comme jongleur, après avoir fugué), buvait trop. Il finit ses jours alcoolique. Peu de temps avant de mourir, le jour de Noël 1946, il dit : « J'ai tellement bu à la santé des autres que j'ai perdu la mienne. »

Scorsonère vient de l'italien *scorzonera*. Bien que *scorza* signifie écorce ou peau (d'un fruit, d'un légume), et *nera* noire, le mot *scorzonera* n'a rien à voir avec la couleur de la peau de cette racine ; d'ailleurs, la qualité la meilleure est à peau blanche. Dans le *Dictionnaire Garzanti de la langue italienne*, je lis que *scorzonera* est dérivé à son tour du catalan *escurçonera*, formé sur *escurçó*, vipère, car cette plante était utilisée en Espagne contre les morsures de vipère. Mais dans le livre d'Ottorina Perna Bozzi, *Le Vieux Milan en cuisine*[2], je trouve une hypothèse plus

1. Ralph Nader a créé (à partir de rien) aux États-Unis une organisation très active et méritante, qui mène des recherches et dépose des plaintes concernant les atteintes à l'intérêt public, d'où qu'elles viennent. Enfant d'une famille arabe originaire du Liban (son père tenait un modeste restaurant où il servait peut-être à ses clients les savoureuses grenouilles à la coriandre, spécialité de Beyrouth), il est un pur produit de l'atmosphère particulière que l'on respire (encore, par chance) dans ce grand pays.

2. *La vecchia Milano in cucina*, Aldo Martello-Giunti Editore, Milan, 1975.

séduisante : *scorzonera* dériverait du milanais *scolcionera*, qui viendrait à son tour de *scolciòn*, mèche de cheveux courts, clairsemés et hirsutes, justement comme les feuilles de la scorsonère. Si l'hypothèse est exacte, on pourrait garder *scolcionera* en italien et, en français, on devrait avoir scolçonère.

Le plus souvent, on les cuisine au beurre. On nettoie les racines en les grattant et on laisse la naissance des feuilles (trois ou quatre centimètres). On les coupe en petits morceaux de huit centimètres de long environ, que l'on plonge au fur et à mesure dans de l'eau où on a pressé un citron ou versé un peu de vinaigre, pour éviter qu'elles ne noircissent. On les jette ensuite dans l'eau bouillante (où on a mélangé une cuillerée rase de farine et deux de vinaigre par litre d'eau, et le sel en quantité voulue) et on laisse mijoter, à couvert, jusqu'à ce qu'elles soient bien tendres (on doit pouvoir les écraser entre deux doigts). On égoutte et on fait revenir dans du beurre, en rectifiant l'assaisonnement (sel et poivre noir). C'est bel et bien l'huître des légumes, et comme toutes les huîtres elle exige du champagne.

Quand on mange des nourritures aussi exquises que la scorsonère, il faut tâcher de réunir des conditions idéales : une pièce bien exposée au sud, bien éclairée si c'est le soir, en se gardant absolument et des lumières au néon, qui donnent un teint macabre aux plats, et de l'obscurité, qui amoindrit la sensibilité du goût et de l'odorat ; la lumière des chandelles, pourquoi pas, mais seulement si c'est un petit plus ; le sol devra être chaud, donc en bois (un sol de marbre dans une salle à manger ou dans un restaurant, quelle grave erreur !) ; la table sera grande (même si on est seul), couverte d'une nappe d'un blanc immaculé ; les chaises rembourrées auront des accoudoirs qui le seront aussi, sur lesquels on reposera de temps en temps les bras, qui pendant le repas ont fort à faire ; il n'y aura pas plus de cinq convives, car au-delà le groupe tend à se scinder comme une amibe en deux sous-groupes aux conversations autonomes qui se dérangent mutuellement ; et les parfums seront aussi discrets que possible, afin qu'ils ne viennent pas désagréablement se mêler à ceux des aliments.

Quant au nombre de convives, je trouve confirmation de mon idée chez Archestrate, poète fantasque et gastronome sicilien, qui vivait trois siècles avant J.-C. Ainsi qu'il arrive souvent aux gens de valeur, il fut la cible des moqueries de ses contemporains, qui l'appelèrent successivement le Glouton, l'Émule de Sardanapale, l'Ingénieux Cuisinier, le Général des cantines, l'Hésiode des lèchefrites, le Théognis des gourmands. C'est ce que rapporte Domenico Scinà dans l'avant-propos à sa traduction des fragments en vers de la *Gastronomie*[1]

1. *Gastronomia*, Giuseppe Antonelli Editore, Venise, 1842.

d'Archestrate. Voici les vers qui concernent le nombre des convives :

Qu'une table où ne sont que mets exquis accueille
Tout le monde, mais que le nombre de la bande
Ne dépasse jamais trois ou quatre compères
Ou cinq tout au plus : car au-delà de ce seuil
Ce n'est que ripaille de goulus mercenaires.

Enfin, il faut une serviette de table impeccable. Fut un temps où les serviettes étaient présentées sur l'assiette, pliées de mille façons inventives, en forme d'animal, de couvre-chef, de bateau, et que sais-je encore ; au terme du repas, chacun repliait la sienne, mais cette fois comme on plie une lettre, avant de la glisser dans sa pochette personnelle, en tissu brodé *par tata.* (Les auberges, les pensions de famille ou les hospices fournissaient une pochette en papier arborant une réclame pour de l'eau minérale et comportant un cadre blanc où les clients devaient écrire leurs nom, prénom, niveau d'études et titres honorifiques.) Parfois, les serviettes pouvaient aussi être enroulées sur elles-mêmes, et enfilées dans une bague en laiton nickelé ou, chez les riches, en argent doré, avec initiales gravées. Ce qui nous fait nous souvenir qu'en des temps plus anciens encore les riches faisaient usage de vases de nuit en porcelaine finement ornée, que d'aucuns aujourd'hui, faisant preuve d'un goût discutable, utilisent comme saladiers. Sous son siège, le Roi-Soleil avait probablement un précieux pot de chambre en or ciselé. Mais, or ciselé ou pas, ça n'était jamais qu'un pot de chambre. Aussi la serviette, une fois utilisée, devient-elle un objet qui doit aller rejoindre le linge sale, plutôt qu'une pochette ou une bague. S'il n'est pas possible de la changer à chaque repas, mieux vaut mettre sur la table une boîte de serviettes en papier.

Beignets de bourrache

Pontormo a laissé un court journal intime[1] où il ne prend pratiquement note que de ce qu'il peint et mange.

« Samedi soir, j'ai pris avec Piero au dîner du poisson de l'Arno, de la ricotta, des œufs et des artichauts.

« Jeudi soir, une salade de laitue, du caviar et un œuf.

« Samedi soir, dîner à la taverne : salade et poisson d'œufs et fromage, et je me suis senti très bien. »

Le poisson d'œufs est une omelette qui, repliée sur elle-même, prend la forme d'un poisson. De nos jours, on utilise encore cette expression en Sicile.

« Mercredi, au dîner, j'ai pris quatorze onces de pain, du carré de porc, une salade d'endives, du fromage et des figues séchées. »

1. *Diario di Jacopo da Pontormo fatto al tempo che dipingeva il Coro di San Lorenzo*, Le Monnier, Florence, 1956. [*Journal de Jacopo da Pontormo tenu du temps qu'il peignait le Chœur de San Lorenzo.* N.d.T.]

Ce sont là les plats simples de la cuisine populaire de toujours, tellement différents des menus extraordinairement compliqués dont les repas de la Renaissance nous ont donné l'idée : une suite infinie de mets saturés d'épices, de sucre, de cannelle...

« Jeudi, quinze onces de pain au dîner.

« Vendredi, quinze onces de pain.

« Samedi, je n'ai pas dîné. »

Il arrivait que Pontormo prenne pour tout dîner du pain (mais du bon), ou qu'il ne dîne pas du tout. Et parfois, il mangeait seul.

« Dimanche et lundi, je me fis cuire un peu du veau que Bastiano m'avait acheté, et je passai ces deux journées chez moi à dessiner, et je pris mon dîner tout seul trois soirs de suite. »

Orphelin dès l'enfance, Pontormo avait été placé sous la tutelle du magistrat des pupilles. Vasari[1] le décrit comme un « jeune homme mélancolique et solitaire », et il raconte que, « pour gagner la chambre où il avait coutume de dormir, et parfois de travailler, il fallait monter par une échelle en bois qu'une fois entré il tirait derrière lui à l'aide d'une poulie, ce afin que personne ne pût monter jusque chez lui contre son gré ou à son insu ».

Sur la table de la *Cène à Emmaus*, au musée des Offices de Florence, on peut voir deux appé-

1. Giorgio Vasari, « Vie de Jacopo da Pontormo, peintre florentin », in *Le vite dei più eccellenti pittori, scultori e architetti*, vol. III, Rizzoli, Milan, 1976. [*Vie des peintres*, Belles Lettres, 2000. N.d.T.]

tissants petits pains fourrés, de merveilleuse facture. Si Pontormo était né plus tard, chacun des menus de son journal aurait pu devenir une très belle nature morte.

« Ce soir-là, j'ai dîné d'un fond de ragoût et de carré de porc qui m'était resté de jeudi, de bourrache cuite, et de neuf onces de pain de romarin[1]. »

La bourrache fait plusieurs apparitions dans les menus de Pontormo : cuite (dans une petite quantité d'eau), en salade, et il y a même une salade de fleurs de bourrache. La bourrache donne de très jolies fleurs, des fleurs roses et des fleurs bleu clair sur un même pied. Aujourd'hui, on ne l'utilise plus guère, sauf en Ligurie : à Gênes, les friteries du quartier de Sottoripa proposent des beignets de bourrache ; on trouve aussi de la bourrache sur les étalages du marché oriental. Les feuilles, velues, donnent du goût à la salade.

Je trouve la recette des beignets de bourrache, qui, aujourd'hui, sont tombés dans un oubli presque total, dans un vieux livre de cuisine anonyme[2] :

« Préparez une pâte assez dense avec deux poignées de farine, un demi-verre de vin blanc,

1. Le *pane di ramerino*, ou *pandiramerino*, est un pain de farine de blé, pétrie avec de l'huile, des feuilles de romarin et des raisins secs. On le trouve surtout en Toscane (*ramerino* est un toscanisme pour *rosmarino*, romarin). N.d.T.

2. *L'arte della cucina, manuale completo per i cuochi e le famiglie*, Adriano Salani Editore, Firenze, 1908. [*L'art de la cuisine, manuel complet pour les cuisiniers et les familles.* N.d.T.]

une cuillerée d'huile et une pincée de sel, en battant et en malaxant soigneusement le tout. Prenez des feuilles de bourrache, lavez-les à l'eau fraîche, laissez-les égoutter, hachez-les et ajoutez-les à la pâte préparée comme précédemment ; mélangez alors à nouveau l'ensemble et jetez-le, une cuillerée à la fois, dans une poêle d'huile bouillante, pour former les beignets, que vous saupoudrerez de sucre avant de les servir.

« Au lieu de hacher la bourrache, on peut en faire frire les feuilles entières, après les avoir trempées dans la pâte. »

Tiella

Comme je venais d'arriver à Lecce, il y a quelques années de cela, je descendis du taxi piazza Mazzini, un énorme et affreux rectangle écrasé de toutes parts par des maisons trop hautes, de construction récente. Au milieu de la place, on était en train de bâtir (mais le chantier était inactif à ce moment-là) une fontaine « monumentale », extrêmement laide, en marbre de Carrare ; projet et direction des travaux : Services techniques de la commune.

J'arrêtai un passant et je lui demandai s'il savait combien allait coûter la fontaine.

Il l'ignorait. J'appris plus tard qu'elle allait coûter très très cher.

Je demandai encore au passant, qui me regardait avec suspicion, pourquoi on utilisait du marbre de Carrare, matériau coûteux et parfaitement étranger à cette ville, tout entière bâtie (en tout cas les vieux quartiers) avec une très belle pierre des environs.

Il l'ignorait.

Je lui demandai alors de m'indiquer une trattoria où l'on mangeait bien.

Je le vis se transformer : le cauchemar des questions sur la fontaine prenant fin, un sourire illumina son visage. Face à des questions normales, il était redevenu un citoyen normal, voire courtois et accueillant.

– Chez Mamma Roma, dit-il soulagé, via Otranto. Là, tu vas te régaler, ne t'inquiète pas.

Chez mamma Roma, en effet, en quelques cuillerées de soupe aux artichauts, j'avais oublié piazza Mazzini et sa vilaine fontaine. Lecce était redevenue elle-même : une vieille cité espagnole, merveilleuse avec ses jardins de terre rouge phosphorescents de petites feuilles vertes, sa chicorée[1] de Galatina, ses gâteaux à la pâte d'amandes confectionnés par les moniales, et ses pâtisseries d'autrefois où le client, devant choisir entre un lait d'amandes et un café glacé, est pris d'une terrible hésitation, tant l'une et l'autre de ces deux boissons sont absolument exquises. Le café glacé est un café express très chaud « on the rocks », autrement dit versé dans un verre sur de la glace et du sucre : il se refroidit aussitôt mais en conservant le goût du café bien chaud.

La soupe d'artichauts est tout ce qu'il y a de simple, et un cuisinier débutant peut commencer par là en étant assuré de son succès.

Un artichaut par personne, épluché et coupé en quartiers, que l'on jette dans l'eau (une

1. « Cicoria » en italien. N.d.T.

assiette creuse par personne) bouillante. Salez et, au bout d'un quart d'heure environ, quand les artichauts sont cuits, versez la soupe dans les assiettes, en ajoutant un peu d'huile d'olive et du poivre noir à volonté.

On fait dans les Pouilles une autre soupe excellente : la soupe de pâtes et pommes de terre.

Pour cinq personnes. Faire revenir dans un décilitre d'huile d'olive un oignon émincé et une gousse d'ail. Ajouter sept cents grammes de pommes de terre coupées en dés et les faire revenir pour qu'elles prennent du goût, mais sans les laisser dorer. Verser un verre de vin blanc et ajouter les herbes aromatiques : persil et céleri (un peu seulement) hachés, origan, romarin, une feuille de laurier et de la noix de muscade.

Il ne faut que très peu de noix de muscade, et c'est une règle générale : une pincée, c'est déjà trop. Il n'en faut qu'une ombre, une idée, un rien, un je-ne-sais-quoi. En France, on appelle cela un soupçon : on doit soupçonner qu'il y en a, sans en être absolument sûr.

Laisser cuire les pommes de terre à feu doux et à couvert, en ajoutant du bouillon. Quand elles sont presque cuites, ajouter les pâtes (deux cent vingt-cinq grammes de pâtes courtes, de petites « penne », par exemple, qu'on aura préalablement cuites à moitié et égouttées), et achever la cuisson de la soupe, qui ne devra pas être trop dense.

Fellini a eu une bonne idée pour modifier en finesse le goût d'une soupe (ça ne marche pas avec toutes, évidemment) : on y ajoute une cuillerée de whisky. Essayez avec un minestrone de légumes.

Lorsque l'irréparable fuite des ans aura transformé ses œuvres en films burlesques, on se souviendra encore de Fellini, et on le bénira peut-être grâce à cette contribution simple mais positive à l'art de la bonne chère.

Je suis repassé par Lecce. Je ne suis pas allé voir si la fontaine était finie. La trattoria Roma existe encore, mais Mamma Roma est veuve. Après le départ des anciens patrons, les premiers repreneurs ne se sont pas montrés, dit-on, à la hauteur. Mais, depuis quelques mois, c'est Cosimo (Cosimino) Malerba qui a repris l'affaire, et il a amené le cuisinier qui était déjà avec lui quand il gérait le restaurant de l'hôtel... Si je fais allusion à la très banale histoire des hauts et des bas, c'est pour souligner combien la pertinence des guides de bonnes tables est de courte durée. Ceux qui se fient aveuglément aux guides vont encore manger là-bas, pensant y trouver la bonne cuisine de Cosimino, qui se trouve maintenant ici.

S'il est midi et qu'on est au printemps, commandez la *tiella* – *teglia* en italien –, une terrine pleine de pommes de terre, tomates, oignon, ail, artichauts, courgettes, tout cela coupé en petits morceaux, avec des moules dans leur eau, un peu de riz, du sel, du poivre, de l'huile et juste assez d'eau pour éviter de faire frire l'huile et permettre aux légumes et au riz de cuire. La *tiella* doit cuire dans un four qui chauffe par-dessous et par-dessus, afin de faire rôtir la couche supérieure, formée par les pommes de terre.

« Quand j'ai débuté, je faisais six couverts, aujourd'hui j'en fais cinquante », dit Cosimino avec une légitime fierté.

Le décor reste modeste, mais les nappes sont d'une irréprochable blancheur, de même que la tenue du cuisinier.

Un client, attablé devant une assiette de « pâtes et haricots », demande qu'on lui apporte le fromage râpé.

« En principe, on ne met pas de fromage sur un plat de "pâtes et haricots", lui dit poliment Cosimino.

– Moi, dit le client je mets du fromage partout, même dans le café.

– Comme vous préférez... »

Bonne cuisine et bonnes manières, même avec ceux qui veulent mettre du fromage sur une assiette de « pâtes et haricots » : le succès devrait être assuré. Encore qu'il soit aujourd'hui plus facile d'avoir du succès en bricolant un horrible décor de couleurs violentes, lumières aveuglantes, chaises en faux rustique, tableaux épouvantables accrochés aux murs, et cuisine détestable.

Estouffade à la zurichoise aux rösti

« Quel est le défaut du ragoût à l'italienne ordinaire ? » demanda le professeur, en interrompant sa promenade dans les rangs. Il fit basculer légèrement en arrière sa toque d'un blanc pur, symbole de son magistère, et donna deux coups sur une table avec la cuillère en bois qu'il tenait en main pour raviver l'attention des élèves. Mais ce n'était pas la peine : ils étaient tous suspendus à ses lèvres.

« Son défaut, c'est la tomate. L'heure est venue de dire en toute franchise que la viande et la tomate ne forment pas le couple parfait. Il y a dans cette union quelque chose de trop facile, de pesant, de vulgaire. Par conséquent j'émets aussi quelques réserves pour ce qui concerne le ragoût. De même pour ce plat à mi-chemin entre daube et ragoût, la *pìcula ad caval*, spécialité de la ville de Plaisance. Mais ne perdons pas de temps avec les détails.

« Considérons maintenant les deux daubes sans tomates les plus célèbres : la blanquette de veau française et le Geschnitzeltes Zürcherart, l'estouffade à la zurichoise. Laissons la première de côté, nous en parlerons une prochaine fois, et venons-en à la seconde. »

Il alla au tableau et écrivit :

veau (culotte) : sept cents grammes coupés en petites tranches ;

un oignon ;

saindoux : quarante grammes ;

farine : dix grammes environ ;

vin blanc : un décilitre ;

crème fraîche : de 4 à 6 cuillerées ;

cognac : un petit verre.

Et pour conclure il ajouta, en espagnol comme à son habitude :

sal y pimienta à volonté.

C'était une de ses coquetteries. Il s'essuya les mains avec un torchon, empoigna de nouveau la cuillère en bois et se remit à se promener dans les rangs.

« Vous coupez les tranches de veau en petits morceaux de deux centimètres sur trois environ. Vous faites revenir l'oignon dans le saindoux. Vous faites monter un peu la flamme et vous jetez la viande dans la casserole, en mélangeant sans cesse avec la cuillère en bois, jusqu'à ce qu'elle blanchisse. N'oubliez pas : la cuillère en bois est l'outil numéro un du cuisinier. Maintenant, vous versez le cognac. Enflammez-le, en inclinant rapidement la casserole pour que le liquide vienne jusqu'au bord et soit léché par l'extrémité de la flamme. Vous jetez ensuite la farine en pluie, et vous ajoutez le vin et le bouillon. Vous laissez encore cuire deux minutes, vous salez et poivrez, et vous versez la crème en donnant un dernier tour de cuillère. »

Il monta en chaire et demanda à toute la classe :

« Avec quoi sert-on l'estouffade à la zurichoise ?

– Avec des rösti, répondirent les élèves en chœur.

– Avec quels rösti ? »

Les élèves échangèrent des regards hésitants.

« Avec les rösti du canton d'Argovie ou du canton de Bâle ? Du canton de Berne, du canton de Glaris ou du canton de Zurich ? »

Comme on peut le voir, le professeur aimait aller au fond des problèmes. Les rösti se préparent avec des pommes de terre bouillies qu'on laisse refroidir avant de les éplucher et de les râper à l'aide d'une grosse râpe spéciale. On fait frire les rösti à la poêle en donnant à la pâte de pomme de terre la forme d'une petite omelette. Cuisson à feu doux et à couvert, en agitant souvent la poêle pour que ça n'attache pas. Au bout de quinze minutes, on retourne l'« omelette » et on la fait cuire aussi longtemps de l'autre côté. On les fait frire dans du beurre avec de petits bouts de lard (Argovie), dans du beurre et des oignons hachés très fin qu'on a d'abord fait revenir un peu (Bâle), dans du beurre et du saindoux (Berne), ou dans un mélange de beurre et de fromage Schabzieger (canton de Glaris), un fromage aux herbes qu'on peut remplacer par du gorgonzola. Les rösti de Zurich sont comme ceux de Bâle, sauf qu'on râpe les pommes de terre crues.

« Tous les rösti conviennent, dit le professeur, mais puisque nous avons affaire à une estouffade à la zurichoise, je la servirais pour ma part avec des rösti de Zurich. La cuillère en bois... »

Il fut interrompu par la cloche. La leçon était finie. Les élèves sortirent dans le couloir, tandis que dans la salle de classe planait le soupçon d'une odeur de soufre.

Il y a maintenant plusieurs années, alors que je me promenais, autour de midi, devant l'Excelsior, au Lido de Venise, je tombai nez à nez avec une appétissante odeur de cuisine qui sortait, en même temps qu'une étrange rengaine, des souterrains de l'hôtel. Derrière les barreaux serrés de la fenêtre d'un rez-de-chaussée sur rue, on pouvait entrevoir, tout en bas, une scène infernale : des cuisinières brûlantes, des braseros, des grils, des fourneaux, des flammes, des vapeurs, des fumées ; et de çà, de là, s'agitaient les cuisiniers et leurs aides, habillés d'une simple couverture de laine passée deux fois autour de leur taille, tout rougeoyants dans le reflet des flammes, brandissant comme des diables de grosses fourchettes. Les paroles de la ritournelle étaient en réalité les commandes, qui arrivaient déformées à travers un conduit depuis l'étage du dessus, où les clients mangeaient tranquillement, sans se rendre compte qu'ils étaient assis au-dessus de l'enfer. Car les cuisiniers sont, comme le dit Joyce, les enfants du diable : « Dieu fit la nourriture, et le diable les cuisiniers[1]. »

Surgissant de derrière un buisson, Joyce apparaît brusquement à ceux qui partent à sa recherche, dans le magnifique cimetière de Zurich : Friedhof Fluntern. Assis sur un siège de bronze, une canne de bronze à la main, appuyant dans une pose sportive son mollet de bronze sur sa cuisse de bronze. À ses lunettes il ne manque que les verres et, au pied de la chaise, à portée de main, une bouteille de son vin préféré, le fendant de Sion, qu'on peut boire, si l'on en croit Saul Steinberg, même en dehors des repas : un vin pour causer.

Je me suis longtemps demandé s'il fallait ou non publier la recette de la *pìcula ad caval*, nom mystérieux et beau pour quiconque n'habite pas à Plaisance, et qui, peut-être, va maintenant perdre un peu de son charme. Je ne peux que conseiller aux personnes hypersensibles de ne pas lire la recette qui va suivre.

Hachez ensemble de l'oignon, du céleri, un peu d'ail et du persil, et faites frire le mélange dans du beurre. Jetez sur le tout un kilo de viande hachée de cheval et faites-la revenir une dizaine de minutes. Ajoutez des tomates coupés en morceaux et une feuille de laurier, mélangez

1. James Joyce, *Ulysse*, Gallimard, 1996.

soigneusement et, pour finir, après avoir salé et poivré autant que nécessaire, versez un demi-litre de vin rouge. Laissez alors la *pìcula ad caval*, désormais dénuée de mystère, cuire à feu doux et à couvert. Un hennissement lointain, presque imperceptible, signalera aux familiers des chevaux que la cuisson est terminée. (À manger avec de la polenta.)

Pain carasau

En dépit d'un regain apparent des boulangeries, le pain est partout dans une phase de décadence, et l'expression « bon comme le pain » n'aura bientôt plus aucun sens. À la fin, on dira comme les Anglais : « Bon comme l'or. »

À Paris, il n'y a pas si longtemps, on pouvait encore manger de délicieuses baguettes ; et dans les restaurants, on les trouvait toujours fraîches, soir et matin.

Aujourd'hui il ne reste à Paris que quelques très rares boulangeries qui font le pain comme autrefois, et les Parisiens, qui ont protesté contre tellement d'autres choses, ne protestent pas contre le mauvais pain, n'organisent pas de manifestation gigantesque place de la Concorde pour exiger que le gouvernement...

Je rêve. Le mauvais pain l'emportera sur le bon. Et il n'y aura plus que quelques particuliers pour encore savourer le bon goût du pain du temps jadis, qu'ils feront eux-mêmes avec la farine qu'il faut, mélangée à la levure qu'il faut, selon les règles aujourd'hui négligées par les boulangeries industrielles, et qu'ils feront cuire, en miches ou en petits pains (ou en galettes ou en pizzas), dans le petit four à bois qu'ils se seront fait construire dans leur maison de campagne (ce n'est pas une grosse dépense). Cela pourrait lancer une mode, comme il y a eu celle des grils en plein air, et on verrait alors réapparaître dans les livres de cuisine les recettes des deux cents variétés de pain – des miches énormes couleur miel de Matera aux fines feuilles du pain carasau de Sardaigne –, transmises par voie orale par les derniers maîtres boulangers.

Pour commencer, je vais en interroger un à la porte de sa boutique.

« Maître, avez-vous une qualification officielle de boulanger ? Avez-vous étudié à l'école ou appris chez un maître de l'art, comme le faisaient autrefois les peintres, sculpteurs et architectes ?

– Moi, c'est mon père qui m'a appris le métier. Aujourd'hui, pour travailler en ville, il faut un diplôme.

– Les gens ne se plaignent-ils pas que le pain ne soit plus aussi bon qu'autrefois ?

– Non, tout ce qu'ils veulent, c'est que le pain soit blanc.

– Pourquoi n'utilise-t-on plus la levure naturelle, qui donne un pain bien meilleur ?

– Parce qu'avec la levure naturelle le travail est plus long : il faut pétrir plusieurs fois. Alors on utilise la levure dite de bière.

– Saviez-vous que les Égyptiens de l'Antiquité pétrissaient le pain avec leurs pieds ?

– ... ?

– Le raisin aussi, autrefois, on le pressait avec les pieds, pour faire le vin. Nos ancêtres utilisaient leurs pieds beaucoup plus souvent que nous. Comme aussi les singes, d'ailleurs...

– ... ?

– Le four à bois est-il préférable aux fours électriques ou à gaz ?

– Bien sûr, car la braise donne au pain un parfum et un goût particuliers.

– Est-il vrai, comme me l'ont raconté certains boulangers, que le four à bois est interdit par les normes d'hygiène ? »

Le maître décroche du mur et me montre son permis en règle d'utiliser un four à bois.

« Non, la fin des fours à bois est due aux difficultés qu'il y a à se procurer des fagots. Personne ne va plus dans les bois pour en faire et, de toute façon, si quelqu'un y allait, ça reviendrait trop cher. »

Un homme âgé et rond, mais d'une rondeur n'évoquant ni le bien-être, ni la joie de vivre, s'était arrêté à quelques pas de nous, et il avait l'air de suivre attentivement notre conversation.

« Vous voyez, dis-je au Maître, le pain est un sujet qui intéresse tout le monde. Ce monsieur représente l'homme de la rue (il se trouve qu'il avait justement un sac à pain en bandoulière). Si cette histoire de pain l'intéresse, ça veut dire que c'est quelque chose d'important. Pas vrai ? », dis-je en m'adressant directement au passant.

Celui-ci parut s'illuminer. Il sortit de sa

poche (une poche plutôt mal en point) un billet rose, imprimé, et me le tendit élégamment.

« Cher Monsieur, chère Madame. La nature a fait de moi un SOURD-MUET, et j'ai pour seul mode de subsistance la générosité de mon prochain. Je m'en remets donc à votre bon cœur. Mille fois merci. »

En guise de bon augure, terminons par la recette du pain *carasau*, ou *aridato* (aridifié), ou « biscuit » (*biscottato* en italien, *piscottu* en dialecte sarde, c'est-à-dire cuit deux fois), qu'on appelle aussi « pain de ménage », pain *tostu* (grillé), ou encore pain de *vresa* (c'est-à-dire coupé en deux, puisqu'une *vresa* est la moitié d'un pain), comme on le fait dans la région de Nuoro, en Sardaigne ; même si on sait que, pour faire du pain *carasau*, la recette ne suffit pas. Tant pis...

Pétrir de la farine de blé dur, où on a mélangé un peu de semoule, avec de l'eau tiède, du sel et de la levure naturelle. Une fois qu'on a obtenu une pâte semblable à de la pâte à pain, on en fait un cylindre qu'on coupe ensuite en plusieurs morceaux de même taille. Au rouleau à pâtisserie, on forme avec chaque morceau une galette d'environ quarante centimètres de diamètre et de deux ou trois millimètres d'épaisseur. En intercalant une longue bande de linge pliée en accordéon sur chaque galette, on les dispose les unes sur les autres à mesure qu'on les forme, et on les laisse reposer pendant une demi-heure.

Dans le four à bois, préchauffé à environ deux cent cinquante degrés, on enfourne les galettes une par une, pas plus d'une vingtaine de secondes (juste pour les sécher), et on les remet les unes sur les autres, comme avant, dans le linge.

On enfourne à nouveau les galettes, toujours une à la fois, et on attend qu'elles gonflent comme des ballons. On les retire alors du four, et un autre boulanger (d'habitude, ce sont des femmes qui font le pain *carasau*, et elles sont au moins trois) glisse un couteau dans le côté du ballon, le dégonfle en l'écrasant, et le coupe de part et d'autre pour obtenir deux galettes, qui sont ensuite placées (de même que les suivantes) l'une sur l'autre, la face interne tournée vers le haut. Sur la dernière galette de la pile, on place un linge et un lourd morceau de bois à surface plane, qui maintient toutes les galettes bien à plat.

Enfin, au moyen d'une spatule en fer (autrefois, on utilisait une spatule en bois), on remet les galettes au four, toujours une à la fois, la face interne vers le haut, en les faisant tournoyer et danser devant le feu qui brûle au fond du four, de façon à ce qu'elles brunissent et deviennent croquantes sans brûler. Au fur et à mesure que les galettes sont finies, on reforme une pile, mais cette fois sans linge ni poids.

Comme on peut voir, c'est du boulot. Du temps où chaque famille faisait elle-même son pain à la maison, l'expression « le temps c'est de l'argent » n'avait pas encore surgi, comme un nuage noir, à l'horizon. Aujourd'hui qu'on a inventé, à Bergame, la machine à faire la polenta, on a sûrement trouvé le moyen de fabriquer aussi à la machine le pain *carasau* : il doit avoir l'aspect du pain *carasau*, mais il n'en n'a sûrement pas le goût. Heureusement que la Sardaigne est une île où survivent de saintes équipes de petites vieilles encore capables d'offrir (plus pour longtemps, car il n'y aura personne pour prendre la relève) ce merveilleux spectacle de savoir artisanal, qui fait surgir, de la farine, de l'eau, du sel et du feu, le soleil magique du pain *carasau*, ce bon pain de ménage.

Si on le conserve dans un endroit frais, le pain *carasau* se garde longtemps. Ça se mange comme du pain ; c'est excellent avec le lait. En utilisant les galettes comme des lasagnes (on les trempe quelques secondes dans de l'eau bouillante et on les dispose en couches dans une terrine avec du *pecorino* râpé et de la sauce tomate, en couronnant le tout d'œufs pochés, on obtient un plat caractéristique de la cuisine de Nuoro : le pain *frattau.*

Beatus ille homo
qui sedet in sua domo
et sedet post fornacem
et habet bonam pacem ![1]

1. Joseph von Eichendorff, *Scènes de la vie d'un propre à rien*, Phébus, 1990. [« Heureux homme celui/ qui est assis chez lui/ à côté des fourneaux/ et jouit d'un bon repos. » N.d.T.]

Potage aux pâtes de la pension de famille

« Vous avez mangé quoi à midi ?

– Du potage aux pâtes... des *farfalline*. Et du fromage.

– Et ce soir ?

– Ce soir, osso-buco aux petits pois surgelés.

– Un fruit ?

– Je ne sais pas... une pomme.

– Quelle variété ?

– Golden Delicious. Et un ou deux verres de vin.

– Un dessert ?

– Non, là, ça va. Le dimanche : des profiteroles.

– Et comme solution alternative au potage ?

– De temps à autre, des tagliatelles : nature, ou alors à la tomate. Jamais à la viande.

– Pourquoi ?

– Je n'aime pas beaucoup ça, et mon camarade de pension non plus.

– Il fait quoi, votre camarade de pension ?

– Chauffeur... au service d'un industriel.

– Vos horaires de travail coïncident ?

– Oui, ça va.

– Le soir, vous dînez à quelle heure ?

– À sept heures et demie.

– Vous prenez un petit verre de liqueur en fin de repas ?

– Non... presque jamais.

– Le poivre est déjà moulu, ou il sort du moulin ?

– Non, il est déjà moulu.

– Pour la serviette de table : pochette ou bague ?

– Bague.

– Vous souvenez-vous d'un repas spécial, un repas qui sortait de l'ordinaire.

– Non.

– Des truffes ?

– Ça fait un moment que je n'en ai pas mangé. Ça doit faire... vingt ans.

– La dernière fois que vous en avez mangé, c'était où ?

– Dans une trattoria. Sur une côtelette à la milanaise.

– Après le repas, vous faites une petite sieste ?

– Je n'ai pas le temps.

– Est-ce que la patronne mange avec vous ?

– Oui. Elle apporte le plateau et elle partage. S'il y a des restes, on les mange le lendemain : du riz sauté, des boulettes de viande...

– Du poisson ?

– Très rarement. Une fois, elle a fait une friture mixte de langoustines et de calmars.

– C'était quand ?

– Je ne me souviens plus.

– Du café ?

– Pas toujours. Quand on en veut.

– Des cure-dents ?

– Non, je n'en utilise jamais.

– Les chaises sont-elles rembourrées ?

– Oui.

– Confortables ?

– Assez.

– Les tapisseries sont comment ?

– À fleurs, les couleurs sont passées.

– Le lustre ?

– À plusieurs ampoules, avec des gouttes de cristal.

– Il y a des tableaux accrochés aux murs ?

– Oui. Une vue de Milan : *Vicolo dei Lavandai*, dans le quartier de Porta Ticinese. Et deux tableaux avec des fleurs.

– À l'huile.

– Oui. Enfin...

– Les pâtes, dans le potage, ce sont toujours des *farfalline* ?

– Des *farfalline*... oui... euh, non, parfois on a aussi des *stelline*. »

Cauchemar. Je m'assois à la table d'une trattoria, devant une nappe maculée de taches d'un vin d'appellation incontrôlée, de sauce tomate, de ragoût à la bolognese, d'huile d'olive pas extra-vierge, de vinaigre pas de vin. Un serveur en sueur, avec une veste pleine de taches, essuie son front à l'aide de la serviette sale qu'il tient ordinairement sous son aisselle, il époussette les plus grosses miettes qui jonchent le napperon taché, il fait semblant – au moyen de la même serviette que précédemment – d'ôter le rouge à lèvres resté collé sur le bord ébréché des verres violets. Stagnant dans de petits pots en verre, le « poivre » n'est plus qu'une vieille poussière, le sel forme des blocs durcis par l'humidité. Dans le petit panier en plastique, le pain n'est pas frais, il a déjà assisté sans y prendre part à plusieurs repas : il finira sur quelque côtelette (de bœuf, et non de veau) « à la milanaise ». La table est bancale. Les hurlements des autres personnes attablées et le bruit des couverts sur les assiettes obligent tout le monde à parler à voix haute pour se faire entendre. De la porte des toilettes, situées bien en vue, parvient le gargouillement de la chasse d'eau...

Dans la plupart des cas le désastre est total. Il n'épargne même pas l'enseigne : le propriétaire efface de sa devanture l'inscription « Osteria » (Bistrot, Cabaret), ou « Trattoria » (Auberge), ou « Vino e cucina » (Taverne), et il la remplace par « Hostaria ». Du latin... de cuisine.

Un poème des « Bouffonneries » de Baudelaire témoigne des excès que peuvent atteindre en la matière certaines imaginations fantasques ; il y est question d'une enseigne à laquelle on ne s'attendrait vraiment pas :

Un cabaret folâtre
sur la route de Bruxelles à Uccle

Vous qui raffolez des squelettes
Et des emblèmes détestés,
Pour épicer les voluptés,
(Fût-ce de simples omelettes !)

Vieux Pharaon, ô Monselet !
Devant cette enseigne imprévue
J'ai rêvé de vous : À la vue
Du Cimetière, Estaminet[1] *!*

Quand il faut y penser tous les jours, faire la cuisine peut devenir un cauchemar. Les Parisiens et les Transtévérins emmènent leur famille (c'est-à-dire leur épouse-cuisinière) manger dehors plus souvent que les autres. C'est aussi pour varier les saveurs.

Sinon, il n'y a plus qu'à faire comme fra Girolamo, le peintre de Vérone, à la Renaissance, qui, « pour n'avoir point à se mettre en peine de ce qu'il mangerait, se faisait cuire chaque lundi une marmite de haricots pour la semaine[2] ».

Ou encore comme Nikolaus von Flüe, qui vécut dix-neuf ans et demi dans un ermitage sans jamais rien manger.

1. Charles Baudelaire, *Œuvres complètes*, Gallimard, « Bibliothèque de la Pléiade », Paris, 1975.

2. Giorgio Vasari, *op. cit.*, « Vies de fra Jocondo et de Liberale et autres Véronais ».

Impossible ! diront certains.

Pour ces mécréants, voici la recette du potage aux pâtes de la pension de famille.

Porter le bouillon (allongé mais gras) à ébullition dans une casserole en aluminium pas tout à fait propre. Y jeter les pâtes (*stelline*). Appeler une amie au téléphone et rester en ligne deux fois plus de temps que le temps nécessaire à la cuisson normale des pâtes. Éteindre le gaz et quand la soupe est pratiquement froide, la mettre sur la table et la servir dans des assiettes creuses, glacées, non sans souhaiter bon appétit. « Merci, vous de même. »

Nicolao della Flüe, comme on l'appelle, à l'italienne, dans le canton du Tessin, était un vénérable ermite suisse. Après avoir abandonné sa femme et ses dix enfants – qui vinrent cependant l'assister quand sonna l'heure de sa mort –, il vécut en solitaire à l'ermitage du Ranft, pas bien loin de la ville de Stans, près du lac des Quatre-Cantons, berceau de la Confédération. Il ne savait ni lire ni écrire. Le matin il priait, l'après-midi il allait rendre visite aux curés des villages du coin. On pouvait le voir cheminer, un chapelet dans une main, un bâton dans l'autre. Quant aux repas, il les sautait. En 1841, alors qu'une guerre civile était sur le point d'éclater entre les huit cantons qui formaient la Suisse de l'époque – en raison de l'entrée dans la Confédération de deux nouveaux cantons, ceux de Fribourg et de Soletta –, le saint parvint à éviter le désastre, grâce à l'envoi d'un message de paix à Stans, où étaient réunis les représentants de tous les cantons (Diète de Stans). Les relations entre un adepte du jeûne et une Diète ne pouvaient être qu'excellentes. Depuis 1947, Nicolas de Flue est le saint protecteur de la Suisse catholique.

Cuisine amaigrissante

Paul Bocuse, le plus connu des cuisiniers français des Temps modernes, a dit : « Michel Guérard est celui qui, parmi nous, a le plus d'imagination. » Guérard est le cuisinier qui incarne plus qu'aucun autre les nouvelles tendances de la cuisine française, une cuisine qui, sans rien renier de la « grande cuisine », se propose de tenir compte aussi des calories, des vitamines, du cholestérol, des changements que les rythmes de la vie d'aujourd'hui introduisent dans le comportement de l'homme.

« Il y a un quart de siècle à peine, écrit Joseph Wechsberg, dans un article où il brosse un portrait complet de Guérard[1], Fernand Point me révélait en ces termes le secret de la grande cuisine : « Du beurre, du beurre, du beurre, et beaucoup de temps. »

La cuisine minceur de Guérard est une cuisine légère, savoureuse, et qui ne fait pas grossir. Ce que Guérard essaie de faire, c'est de trans-

1. « La Nature des choses », *The New Yorker*, 28 juin 1975.

poser les recettes de la grande cuisine traditionnelle dans des versions minceur, en éliminant autant qu'il le peut le beurre, la crème, les jaunes d'œufs, etc. Bien que l'entreprise paraisse impossible, son talent novateur en est, au moins partiellement, venu à bout.

Voici comment Guérard raconte à Wechsberg l'un des chapitres importants de cette aventure :

« Je voulais réaliser une version minceur de ce plat exquis qu'est la blanquette de veau, un vieux classique de la cuisine française, une sorte de ragoût de veau lié par une sauce veloutée faite avec le jus de la viande, du beurre, de la farine, des jaunes d'œufs et de la crème. Délicieux, mais lourd, même si on s'efforce de ne pas prendre trop de sauce.

« Après avoir ôté le gras de la viande, j'ai placé les morceaux dans une passoire, que j'ai mise dans la cocotte où j'avais disposé différentes sortes de légumes : des carottes, du cresson, du céleri de Vérone, et des petits champignons, sans ajouter de liquide[1]. J'ai fermé la cocotte, et la viande a cuit à la vapeur dans l'arôme des légumes, sur lesquels coulait le jus de viande.

« J'ai préparé la sauce en mélangeant le jus de cuisson avec le jus d'un citron et un peu de mon fromage blanc, un fromage blanc spécial à mi-chemin entre la feta grecque et le cottage

1. Si on n'ajoute pas du tout de liquide (du bouillon), j'ai bien peur que ça finisse par prendre feu. Mais l'idée est bonne.

cheese. C'est un fromage très peu calorique, qu'on peut faire monter en le battant comme de la crème.

« Une part de ma blanquette minceur contient moins de deux cents calories, contre les mille de la blanquette traditionnelle. J'ai servi les deux versions à un groupe d'experts. Tous sont tombés d'accord pour dire que la version minceur avait un goût meilleur, plus authentique. »

Dans sa cuisine, Guérard utilise en général peu de sel et pas mal de poivre vert (frais, conservé dans de l'eau). Il ne se considère pas tant comme un inventeur que comme un recréateur ; comme quelqu'un qui réintroduit des pratiques en usage il y a fort longtemps (la cui-

sine à la vapeur était déjà utilisée par les Indiens mayas). On pourrait voir en lui un disciple d'Archestrate, qui ne pouvait souffrir l'abus de condiments auquel se livraient ses contemporains :

Tous malvenus et trop nombreux
Sont à mon sens les autres appareils
De fromage, huile et gras en quantité,
Comme si on dressait la table pour des chats.

Sa recette pour l'*amia*, un poisson méditerranéen de la famille du thon, est à ce titre exemplaire :

Dans des feuilles de figuier le prépareras
Avec de l'origan, mais point trop, sans fromage,
Ni graisse ; quand sera de la sorte apprêté,

Au milieu de ces feuilles tu l'enrouleras,
Tout simplement, que tu lieras d'un brin de jonc.
Puis le rouleau mettras sous la cendre bien chaude,
Et l'y laisseras le temps qui te semble bon
Pour que soit bien grillé le poisson, mais prends
[garde
À ne pas le laisser brûler[1].

Au commencement de sa carrière, Guérard a ouvert un modeste restaurant, qui s'appelait Le Pot-au-Feu. Bien que située à Asnières, dans la banlieue industrielle de Paris, sa table est devenue immédiatement célèbre. Dans sa bible, *La Grande Cuisine minceur*, Guérard utilise très fréquemment l'expression italienne *al dente* : on peut l'interpréter comme un hommage de la nouvelle cuisine française à la cuisine italienne, une cuisine qu'on a longtemps oublié de prendre en considération, à cause, précisément, de sa simplicité et de son côté « nature ». Mais, dit Alberto Savinio[2], la cuisine italienne, « tout le monde doit tôt ou tard y revenir, après toutes les méprises possibles, après toutes sortes d'incursions malheureuses chez les dévoreurs de sauterelles et chez les dégustateurs de quintessences ».

Une dame trop grosse s'approcha en soufflant du maître en train de « composer » son fameux pot-au-feu du Pot-au-Feu.

« Monsieur Guérard, lui dit-elle, devrai-je

1. Archestrate, *op. cit.*
2. *Souvenirs*, Fayard, 1986.

dire définitivement adieu aux tranches de pain maison tartinées de beurre salé de Normandie ?

– Chère Madame, répondit le Maître, jusqu'à présent, je n'ai pas réussi à réaliser la version minceur d'une tranche de pain beurrée ; mais je ne désespère pas d'y parvenir. »

Wechsberg, qui venait de terminer un excellent dîner minceur, riait, très satisfait.

« Quand j'ai quitté la table, j'avais pratiquement l'impression de ne pas avoir mangé. »

Il y a quelques années, des mannequins américains ont mis au point un système curieux et astucieux pour maigrir tout en continuant à manger à loisir : il consiste à s'assurer la collaboration d'un ver solitaire. Le truc paraît sans faille, mais si le régime du ver solitaire n'a pas pris, c'est qu'il devait comporter quelque inconvénient. D'ailleurs, tous les systèmes pour maigrir vite sont néfastes, et surtout inutiles : la graisse que l'on perd rapidement, on la récupère aussi rapidement. (Et puis les femmes ne doivent pas prendre modèle sur les mannequins. Vénus n'était pas mince.)

Rappelons enfin que ce n'est pas seulement ce que l'on mange qui fait le régime. Mességué dit ceci : « Une bonne daube que l'on savoure avec de vrais amis se digère mieux qu'un triste bouillon "diététique" aux poireaux qu'on avale tout seul dans sa cuisine[1]. »

1. Maurice Mességué, *C'est la nature qui a raison*, Laffont, 1972.

La joie à table est indispensable à une bonne digestion. C'est précisément pour cette raison que les bouffons de cour étaient assis à la table du roi. Sage coutume. À l'inverse du repas d'affaires qui se pratique aujourd'hui, selon une coutume qui, à l'évidence, manque de sagesse. Sauf à considérer ceux avec qui l'on mange comme des bouffons.

Cuisine de famille

Il est une cuisine tout à fait particulière, que l'on ne peut juger selon les critères habituels, mais qu'on peut considérer comme l'exact contraire de la cuisine des restaurants d'entreprise : c'est la cuisine familiale, la cuisine de maman (ou de tata).

Pour les invités, il se peut que cela soit une mauvaise cuisine, mais pour les gens de la maison, c'est une cuisine à part, qui ne peut pas faire de mal, qui protège, et dont on se souvient, lorsqu'elle n'existe plus, les larmes aux yeux. Flaiano disait : « Quand ma mère insistait : "Prends encore un peu de fettuccine" (ses fettucine à elle), cela m'agaçait. Aujourd'hui, que ne donnerais-je pour entendre à nouveau cette invitation, et avoir devant moi ces fettuccine-là. »

Ma mère était allemande et elle avait vécu plusieurs années en Toscane ; j'ai donc connu une cuisine de famille un peu allemande et un peu toscane. Agréable alternance. Étant donné la notoriété de la cuisine toscane, je donnerai ici quelques recettes de plats allemands maison, qui aideront à varier les menus habituels, chose importante en cuisine comme ailleurs. Ce sont pour la plupart des gâteaux, très simples, car en Allemagne, comme du reste dans beaucoup d'autres pays, le gâteau n'est pas un mets des jours de fête, mais un élément à part entière du repas de tous les jours.

Contrairement à ce que l'on croit généralement, la cuisine allemande n'est pas une cuisine lourde. Le tout est de savoir choisir. Autrefois, en Allemagne, ce sont les Heizelmenchen, des gnomes industrieux du même genre que les nains de Blanche-Neige, qui s'occupaient, la nuit, de faire la cuisine et de toutes les autres tâches domestiques. Il fallait seulement que les femmes ne se lèvent pas trop tôt, car elles ne devaient pas les voir travailler. Mais un jour, une ménagère de Cologne, *eine Hausfrau aus Köln*, ne pouvant plus résister à la curiosité, se leva de bonne heure. Depuis ce jour, les gnomes ont disparu, et on ne les rencontre plus que dans les livres de cuisine allemands, où ils coupent, râpent, assaisonnent, pétrissent, enfournent et goûtent, munis de fourchettes et de louches plus grosses qu'eux.

Et voici qu'un premier gnome nous accueille dignement, pointant sa grosse fourchette sur un panneau où on peut lire : *Rühr-eier.*

Œufs brouillés à la francfortoise
(Rühr-eier)

Spécialité de Francfort-sur-le-Main. Ce sont des œufs moins brouillés que ceux de chez nous ; des œufs plus olympiens, goethiens.

Un œuf par personne, plus un pour la poêle. Casser les œufs dans une jatte, ajouter une cuillerée d'eau par œuf et un peu de sel. Battre à la fourchette. Faire frire la quantité nécessaire de beurre dans une poêle jusqu'à ce qu'il prenne une belle couleur dorée. Réduire la flamme autant que possible. Jeter les œufs dans la poêle et, avec une spatule, en manœuvrant lentement, rassembler les parties qui se solidifient en faisant en même temps glisser celles qui sont encore liquides vers la zone la plus chaude de la poêle. Le savoir-faire du cuisinier consiste à faire en sorte que les œufs se figent (cuisent) le moins possible. La surface doit rester baveuse comme l'intérieur d'une omelette.

Pour des variantes (à l'italienne), on peut mélanger aux œufs battus du parmesan râpé ; ou de la sauce tomate ; ou les deux ; ou encore une poivronnade légère (des poivrons bien cuits, et des tomates pas trop cuites) : dans ce dernier cas, on obtiendra une sorte de piperade basque.

Tatsch

On prononce « tatch ». C'est une sorte d'omelette en petits morceaux, qu'on mange le plus souvent le soir avec plein d'autres choses : salades, jambon, fromages. Ce n'est pas vraiment un plat allemand, mais suisse.

Pour quatre personnes ; trois cuillerées de farine, une tasse à thé de lait, deux œufs, un peu moins de cinquante grammes de beurre, une cuillerée à café de sel.

On fait une pâte avec la farine, le sel et le lait, à laquelle on ajoute ensuite les œufs battus. On fait fondre le beurre dans une poêle, on verse la pâte et, dès qu'elle commence à durcir, on soulève la partie solide avec une spatule, de façon à ce que la pâte encore liquide entre en contact avec le fond de la poêle. Quand toute la pâte est ferme, on la coupe en gros morceaux à l'aide de la spatule, et on les retourne dans la poêle. On baisse le feu, on couvre, et on laisse pendant quelques minutes la pâte cuire et gonfler.

On ôte le couvercle, et on coupe les morceaux en morceaux plus petits, qu'on retourne à nouveau et qu'on laisse encore cuire à couvert un instant. Puis on recommence, en coupant les morceaux de plus en plus petits.

Au bout de quinze minutes, on retire définitivement le couvercle, on continue à couper et à retourner les morceaux, jusqu'à ce que le *tatsch* ne soit plus formé que de tout petits morceaux. On ajoute un peu de beurre, on mélange, et on sert dans une assiette bien chaude.

Gnocchi à l'allemande
(Klöse)

Klöse veut dire gnocchi et, de même que gnocchi, c'est un terme générique qui peut désigner ce genre de gnocchi mais aussi beaucoup d'autres.

Pour quatre personnes : un demi-kilo de farine, deux gros œufs, deux tasses à thé de lait, un bol de pain coupé en dés (genre pain de mie ou baguette), huile ou beurre en quantité suffisante pour faire frire le pain, une cuillerée rase de sel.

Pour la sauce : cinquante grammes de beurre, quelques cuillerées de lait, une pincée de sel.

Mettre une bonne moitié de la farine et une partie du lait dans une jatte, et pétrir avec la cuillère en bois ou, pour un effort moindre, avec une pétrisseuse électrique. Ajouter le reste de farine, puis les œufs et le sel. Tout en continuant à battre, verser peu à peu le reste de lait (il peut ne pas être nécessaire de tout mettre) de façon à obtenir une pâte plutôt ferme et lisse. C'est l'affaire d'environ un quart d'heure.

Faire frire à feu doux les petits dés de pain jusqu'à ce qu'ils soient croquants. Les mélanger à la pâte.

Entre-temps, on aura mis à bouillir une grande casserole d'eau salée, comme pour faire cuire des pâtes. Prendre une cuillère en métal (si possible une petite louche, un peu plus grande qu'une cuillère à soupe normale), la plonger dans l'eau bouillante, prendre une bonne cuillerée de pâte, et la plonger de nouveau dans l'eau bouillante, jusqu'à ce que le *gnocco* (de la taille d'une pomme de terre moyenne) se détache de la cuillère. Continuer à plonger des gnocchi dans l'eau, aussi vite que possible. L'eau cessera de bouillir. À partir du moment où l'ébullition reprend, laisser cuire dix minutes.

Pendant que les gnocchi cuisent dans l'eau bouillante, préparer la sauce. Faire chauffer le beurre dans une petite poêle. Quand il est bien doré (mais attention à ne pas le laisser noircir !), ajouter autant de lait et éteindre le feu.

Dans leur assiette, les convives rompront les gnocchi en morceaux d'un calibre compatible avec celui de leurs bouches respectives, ils verseront la sauce par-dessus, et ceux qui peuvent se le permettre achèveront le travail par un généreux tour de moulin à poivre.

S'il en reste, le lendemain, on peut les couper en morceaux (pas trop petits) et les faire frire dans du beurre.

Sauce verte

Je ne suis pas vraiment certain que cette sauce soit d'origine allemande. Elle a plutôt l'air d'être un trait d'union entre l'Italie (huile et persil) et l'Allemagne (vinaigre et sucre). En tout cas, elle diffère de la sauce verte courante, dont elle néglige la plupart des – trop nombreux – ingrédients habituels : cornichons au vinaigre, ail, oignon, câpres, filets d'anchois, chapelure, pignons, pommes de terre bouillies... Trop d'ingrédients, dont sort le plus souvent un goût confus, comme de certaines partitions musicales inutilement complexes ou, pour rester dans le domaine qui nous intéresse, de certaines salades variées.

Hachez le persil très finement, mettez-le dans la saucière, versez-y un peu d'huile d'olive et mélangez pour que l'huile prenne l'arôme du persil, puis complétez l'assaisonnement avec du sel, du poivre, pas mal de vinaigre de vin, et du sucre en quantité suffisante pour adoucir le vinaigre. Si le vinaigre est fort, remplacez une partie du sucre par un peu de vin rouge, sinon la sauce risque d'être trop dense.

Vous pouvez essayer cette sauce avec du bœuf bouilli (chaud), avec du rôti (froid), avec des boulettes de viande (froides), avec des œufs mollets coupés en deux, *in ciapp* – en paire de fesses – comme on dit à Milan.

Pudding de semoule
(Griessmehlpudding)

Mieux vaut, si possible, préparer ce pudding avec une semoule assez grosse, le résultat sera meilleur. Mais on peut aussi prendre une semoule fine.

Pour six personnes : trois quarts de litres de lait, soixante grammes de sucre, quatre-vingt-cinq grammes de semoule, deux œufs et le zeste d'un citron.

Mettre le sucre sur une feuille de papier, râper le zeste du citron et mélanger. Faire chauffer le lait dans une casserole. Y verser le sucre avec le zeste de citron. Quand le lait bout, verser la semoule en pluie, en mélangeant avec une cuillère en bois. Faire cuire un quart d'heure, jusqu'au moment où la semoule a gonflé et commencé à prendre. Ôter du feu et ajouter les œufs (battus) en mélangeant. Remettre sur le feu sans cesser de mélanger. Dès que l'ébullition reprend, le pudding est cuit.

Le verser alors dans un beau moule ovale,

en terre cuite émaillée, marron dehors et couleur pudding dedans, avec une décoration en relief représentant une grappe de raisin et deux pampres (facultatif) ; on a pris soin de remplir à ras bord le moule d'eau froide, qu'on retire au dernier moment, cela pour que le pudding, quand il aura refroidi, se détache sans problème du moule retourné sur un plat. Le plus jeune de la maison aura pour mission de bien nettoyer la casserole et la cuillère en bois. Le pudding ne doit être ni trop dur, ni trop mou. Il est bon tiède ou froid. On peut le napper d'un peu de sirop de framboise.

Le zeste des citrons est souvent empoisonné par les insecticides dont on les asperge, sans aucun égard pour la santé de ceux qui les consomment. Les laver est en l'occurrence inutile. Il faut acheter des citrons garantis sans toxiques, et avoir confiance ; ou bien se persuader que nous sommes en train de nous entraîner peu à peu à résister aux empoisonnements, comme le faisaient les tyrans de l'Antiquité. En attendant que l'Italie aussi ait son Ralph Nader[1].

1. Cf. note 1, p. 100.

Riz au lait sucré
(Reisbrei)

C'est un entremets à manger tiède ou froid : rafraîchissant et léger.

Pour trois personnes : cent grammes de riz, un litre de lait, une bonne cuillerée de sucre, un peu de cannelle en poudre, une petite prise de sel.

Vous réchauffez le lait. Quand il bout, vous y jetez le riz et le sel. Vous mélangez souvent pour empêcher le riz de coller. Au bout d'une demi-heure (la peau du lait disparaît toute seule au cours de la cuisson), vous ajoutez le sucre, vous mélangez, et vous laissez encore bouillir quelques minutes : le résultat doit être bien fluide. Vous versez dans un récipient pas trop profond. Avant de servir, vous saupoudrez de sucre et cannelle.

Omelette de pommes
(Apfelpfannkuchen)

Pour deux ou trois personnes : deux pommes qui, comme pour une tarte aux pommes, doivent être juteuses et aigres, environ trente grammes de beurre, une cuillerée rase de farine, un demi-verre de lait, un œuf, une prise de sel.

Coupez les pommes en grosses tranches (en huit ou dix quartiers) et faites-les frire à la poêle dans le beurre, à couvert et à feu doux, jusqu'à ce qu'elles soient bien tendres et dorées (comptez une vingtaine de minutes).

Dans une tasse, mettez la farine et le sel, ajoutez la moitié du lait, mélangez avec la cuillère en bois, ajoutez l'œuf battu, mélangez encore en ajoutant le reste de lait.

Versez la pâte ainsi obtenue sur les pommes (à feu doux) et à l'aide de la spatule, répartissez-la uniformément. Dès qu'elle se solidifie, faites-la glisser sur le couvercle, parsemez-y quelques copeaux de beurre et retournez-la dans la poêle. Couvrez et, toujours à feu doux, laissez cuire encore au moins cinq minutes, le temps pour la farine de cuire et de faire gonfler la pâte. L'omelette est prête quand la pâte a bien gonflé. Faites-la passer dans le plat de service et saupoudrez-la d'un peu de sucre. On peut aussi la manger froide.

On peut faire l'*Apfelpfannkuchen* avec d'autres fruits que les pommes : des myrtilles, des groseilles, des fraises, des framboises, des cerises, des griottes, des prunes. Mais comme ce sont des fruits très juteux, il faudra modifier légèrement la recette.

Faites chauffer le beurre, versez la pâte. Au moment précis où elle se solidifie, répartissez les fruits sur la pâte, saupoudrez de biscottes émiettées, ajoutez quelques noisettes de beurre, retournez l'omelette et couvrez-la. Les miettes de biscotte et le jus qui sort des fruits s'amalgament pour former au fond de la poêle une croûte délicieuse. En fin de cuisson, retournez l'omelette pour la faire passer dans le plat de service, et ajoutez comme précédemment une petite bruine de sucre.

Cavaliers pauvres
(Arme Ritter)

Cavaliers, parce qu'on les fait frire dans du beurre, et pauvres, parce qu'on utilise des restes de pain.

Pour quatre personnes : un demi-litre de lait, un œuf, cinquante grammes de beurre, deux cuillerées de sucre, du pain (restes de pain de la veille, pas trop sec ; le mieux est d'utiliser du pain ordinaire) en quantité suffisante pour absorber le lait, et du sucre et de la cannelle à saupoudrer sur le gâteau à la fin.

Dans une jatte, battre l'œuf, puis ajouter le sucre et le lait en mélangeant. Couper le pain en grosses tranches, comme pour un sandwich, et les laisser dans la jatte jusqu'à ce qu'elles aient bien absorbé le lait et le reste. S'il y a un excédent de liquide, ajouter encore un peu de pain, même des morceaux de forme irrégulière (en cuisine, l'irrégularité est souvent source de plaisirs).

Mettre le beurre dans la poêle et faire frire

les cavaliers pauvres (les pauvres cavaliers !) de chaque côté. Les retirer de la poêle lorsqu'ils sont croquants à l'extérieur et tendres à l'intérieur, les disposer sur un plat, et les saupoudrer de sucre et de cannelle.

Spekulatius

Il s'agit de biscuits qu'on accroche avec un fil doré au sapin de Noël, qui n'est pas un objet en plastique comme certains le croient aujourd'hui, mais un petit sapin à l'odeur de sapin. Les sapins qu'on nous vend à Noël appartiennent en général à une variété sans odeur, aussi inutiles que les roses sans parfum. Car c'est l'odeur de l'arbre qui, s'ajoutant à celles de tout ce qu'on y accroche (pommes, mandarines, biscuits, nougats, chocolats) et de la cire des petites bougies, produit le délicieux parfum de Noël, qu'on ne peut plus oublier si on l'a respiré enfant.

La préparation du sapin est la tâche des adultes de la famille. Les enfants ne doivent le voir qu'achevé, avec toutes ses bougies allumées, telle une apparition magique. Les pommes ont une mission bien particulière : de leur poids, elles font fléchir les branches du sapin, qui sinon pointeraient vers le haut ; aussi faut-il les accrocher en premier lieu, pour élargir le couvert de l'arbre et lui donner une meilleure assise. C'est ensuite au tour des mandarines, si possible pourvues de feuilles, puis du reste. À la fin (passé minuit) on accroche les boules de verre coloré et les guirlandes argentées (pas en aluminium), et, pour parachever cette laborieuse construction, on fixe à la cime du sapin l'étoile de Bethléem. Les bougies n'apportent pas seulement la magie de leur lumière dorée, elles réchauffent aussi les aiguilles des branches avoisinantes, ce qui contribue à créer le parfum de Noël. Aujourd'hui, on les remplace presque systématiquement par des guirlandes de petites ampoules électriques, qui s'allument et s'éteignent au rythme entêtant des enseignes publicitaires dont le clignotement pénètre à travers les volets entrouverts des chambres d'hôtel dans les films policiers.

Pour les *Spekulatius* (en quantité normale) : quatre cents grammes de farine, deux cents de beurre, trois cents de sucre, deux œufs, le zeste râpé d'un citron, une demi-cuillerée de cannelle, une cuillerée de levure chimique, un petit verre de marsala.

Il faut préparer la pâte un jour avant de la faire cuire, pour qu'elle ait le temps de durcir.

Vous mettez la farine dans une jatte. Vous coupez le beurre (ramolli) en petits morceaux sur la farine. Vous ajoutez les autres ingrédients (à l'exclusion de la levure) et vous mélangez, d'abord à l'aide du couteau, puis à la main, jusqu'à l'obtention d'une boule de pâte que vous laisserez durcir au frigo jusqu'au lendemain, dans la terrine couverte d'une assiette.

Le lendemain, vous étalez la pâte au rouleau sur le plan de travail, vous y saupoudrez la levure que vous incorporez à la pâte, en la travaillant le moins possible. Vous étalez à nouveau la pâte jusqu'à avoir une feuille de l'épaisseur des tagliatelles (un millimètre environ). Avec de petits moules à l'emporte-pièce ou, si vous n'en avez pas, à la main, de la pointe d'un couteau, vous y découpez des formes diverses : étoiles, sapins, lapins, oies et autres objets et animaux, de la taille d'une mandarine ou d'une orange.

Vous graissez les plaques du four avec du beurre, vous y disposez les *Spekulatius* et vous les mettez au four à cent cinquante degrés, quinze minutes environ. Quand ils ont pris quelques couleurs (mais pas trop), les *Spekulatius* sont cuits. Vous les sortez du four et vous les détachez aussitôt de la plaque, à la spatule. Au toucher, le dessus doit être encore un peu mou. C'est en refroidissant qu'ils deviennent croquants.

Bowle

La *Bowle* (prononcer « bôle », avec un *o* très fermé) est un grand récipient en porcelaine, en général très joliment décoré, une sorte de soupière munie d'un couvercle et assortie d'une grosse louche en métal avec un clapet perforé. En été, on s'en sert pour préparer et pour servir une boisson rafraîchissante à base de vin blanc et de fruits, et même de plantes aromatiques, voire de cornichons. Cette boisson s'appelle *Bowle*, comme le récipient qui la contient (*bowl* en anglais, le mot d'où vient « bol » en français, et dont Pellegrino Artusi a proposé une traduction qui n'a pas pris en italien, *bolo*, « un pot profond et de bonne mesure[1] »).

La *Bowle* maison est à base de pêches ; on la prépare à la va-vite et de façon pas très orthodoxe.

On épluche (ou on n'épluche pas) quelques pêches bien mûres, on les coupe en petits morceaux dans une *Bowle* (ou, pour suivre la déca-

1. Pellegrino Artusi, *op. cit.*

dence générale des mœurs, dans une carafe), on ajoute un peu de sucre, on y verse un vin blanc du genre blanc d'Alsace ou de Moselle, ou plus simplement (nouveau sacrilège, mais c'est bon quand même) du vin rouge, on laisse quelques heures au réfrigérateur, puis on sert le vin dans les verres avec (ultime sacrilège) les morceaux de pêche. En Toscane, pour la *Bowle* maison à base d'oranges (quartiers d'oranges, sucre et vin), on utilisait le vin blanc des berges du Reno[1] : étrangement, ça allait très bien.

Cette boisson est un véritable régal. J'ajoute quelques recettes pour la confection d'une *Bowle* authentique.

Bowle *à la pêche*

Éplucher les pêches (mûres), les couper en tranches fines et les disposer en couches dans la *Bowle*, en versant sur chacune un peu de sucre et un peu d'eau pour le faire fondre. Tendre une feuille de papier huilé et fermer avec le couvercle. Laisser reposer au frais pendant au moins huit heures. Un peu avant de servir, ajouter le vin.

Pour donner une idée des dimensions d'une *Bowle* (le récipient), disons que la quantité de

1. Reno : fleuve d'Italie, en Emilie, qui prend sa source dans les Appenins (près de Pistoia), passe près de Bologne, avant d'aller déverser ses eaux dans la mer Adriatique. Le vin dont il est question est produit dans les environs de Bologne. Reno est aussi le nom italien du Rhin.

vin qu'on doit y verser est de l'ordre de six à huit bouteilles. Si on souhaite utiliser du champagne (naturellement, c'est très bon), on doit l'ajouter au tout dernier moment. On sert dans des verres à pied (pour éviter que la main ne réchauffe la boisson), en cristal, qu'on remplit à l'aide de la louche à clapet troué, grâce à laquelle on peut prendre le vin en réservant les morceaux de pêche.

Qu'est donc le célèbre « Bellini » du Harry's Bar de Venise, sinon une *Bowle* à la pêche ?

Bowle *à la fraise*

Même principe que pour la *Bowle* à la pêche, avec des petites fraises des bois. Seule précaution : après qu'on a mis toutes les fraises dans la *Bowle* avec le sucre et l'eau, plutôt que de les écraser comme une brute avec une cuillère, on fait délicatement osciller le récipient pour mélanger le contenu.

Bowle *au citron*

On laisse l'écorce d'un citron mariner une heure au frais dans un quart de litre d'eau. On filtre et on verse le liquide dans la *Bowle*, en ajoutant le citron coupé en très fines tranches. On verse deux bouteilles de vin de Moselle et deux d'eau minérale gazeuse, bien fraîches.

Bowle *à l'aspérule odorante*

En mai, sur les bateaux qui naviguent sur le Rhin, on sert la *Waldmeister Bowle*, la *Bowle* à l'aspérule odorante, une plante aromatique.

Avant que leurs petites fleurs blanches ne s'ouvrent, on cueille les aspérules, dont on ôte les premières feuilles du bas. On les rince rapidement, on en fait de petits bouquets qu'on lie et qu'on place dans la *Bowle.* On verse le vin et on lui laisse le temps (c'est vite fait) de prendre le parfum des aspérules ; on retire alors les bouquets, en veillant à ce qu'il ne reste vraiment aucune feuille dans le vin, et on met la *Bowle* au frais. Quelques quartiers d'orange sont les bienvenus. Ce vin aromatisé peut se conserver longtemps.

Il convient de boire la Waldmeister Bowle lentement, assis sur le pont d'un bateau, sur un fauteuil en osier, en écoutant le chant de la Lorelei.

Comment on rédige une recette

Quelle est la meilleure façon de rédiger une recette ?

À ce jour, cette question n'a pas encore trouvé de réponse définitive.

Nous faut-il employer l'impératif, sur le ton de la confidence : « Mets sur le feu[1]... », ou sur un ton plus neutre : « Mettez sur le feu... » ? L'infinitif, encore plus neutre : « Mettre sur le feu... », ou une tournure impersonnelle : « On met sur le feu... » ? La première personne du présent : « Je mets sur le feu... », ou le futur d'exhortation cher à Gadda : « Tu mettras sur le feu... » ?

Et concernant les doses et les durées ? Une précision mathématique : « vingt grammes », « un demi-litre », « sept minutes » ; ou bien l'approximation typique des recettes maison : « une noix de beurre », « q. s. » (*quantum suf-*

1. En italien, par héritage direct du latin, il est d'usage de tutoyer les destinataires des messages impersonnels, publicitaires, etc. Dans un article scientifique, on aura par exemple « vedi » (« vois »), là où on aurait « voir » en français. Dans le langage publicitaire, on trouvera, à l'oral aussi bien qu'à l'écrit, des phrases comme « le shampooing Choubidou redonne tout leur éclat à tes cheveux ».

ficit, « en quantité suffisante »), « une tasse » ? (Sauf que la tasse – *cup* –, dans les recettes de la cuisine anglo-saxonne, équivaut justement à une mesure précise, correspondant à une demi-pinte, soit un bon quart de litre.)

Giuseppe Prezzolini est favorable à l'approximation maison : « Et à tout prendre, on préférera les recettes vagues, comme celles d'Artusi, qui sont formulées ainsi : un verre de vin... (de quelle contenance, le verre ? Va savoir !), une petite prise de sel... (mais de quelle grosseur, les doigts ?), un demi-oignon (de quelle taille l'oignon ? Cherche toujours !)[1]. »

C'est dans une recette de Maestro Martino, un célèbre cuisinier du XVe siècle originaire de la

1. Voir « Ricetta per far ricette », in *Le muse in cucina*, All'Insegna del Pesce d'oro, Milan, 1965. Prezzolini est également l'auteur de *Spaghetti Dinner*, Abelard-Schuman, New York, 1955. [« Recette pour faire des recettes » et *Les muses dans la cuisine*. N.d.T.]

ville de Côme, et sans doute le cuisinier italien le plus connu de son temps, qu'on trouve le plus bel exemple d'imprécision[1].

Il s'agit d'une recette trop élémentaire, peut-être, pour figurer dans un livre de cuisine illustre : celle des œufs à la coque :

« Œufs plongés avec leur écorce » – c'est-à-dire cuits à l'eau dans leur coquille.

« Mettez les œufs frais dans de l'eau froide et faites-les bouillir le temps de dire un *Notre Père* ou un peu plus », écrit Martino, ayant ainsi recours à une unité de temps en accord avec sa charge de cuisinier du patriarche d'Aquileia, et d'utilisation courante en ces temps où les horloges étaient encore fort peu répandues.

Le 13 janvier 1975, on a vu apparaître sur le *New Yorker* une nouvelle façon d'écrire des recettes. Un dessin d'Edward Koren montre une dame debout dans sa cuisine, sa cuillère (en bois, j'espère) à la main, devant un grand saladier et un livre de cuisine ouvert. Elle est en train de lire une recette.

« Dans un grand saladier, mélanger soixante cents d'œufs, quarante-cinq cents de crème, seize

1. L'œuvre de Maître Martino, *Libro de arte coquinaria composto per lo egregio Maestro Martino coquo olim del reverendissimo monsignor camorlengo et patriarcha de Aquileria*, a été publié pour la première fois in *Arte della cucina : libri di ricette, testi sopra lo scalco, il trinciante e i vini dal XIV al XIX secolo*, Edizioni Il Polifilo, Milan, 1966. [En français, ces titres donneraient : *Livre d'art culinaire composé par le très illustre Maître Martino jadis cuisinier du très révérend Monseigneur Camerlingue et Patriarche d'Aquileia* et *Art de la cuisine : livres de recettes, textes à propos des trancheurs, des découpeurs de viandes et des vins du XIVe au XIXe siècle*. N.d.T.]

cents d'origan et dix cents de moutarde. Dans ce mélange, plonger sept dollars cinq de côtelettes de porc et les paner dans soixante-cinq cents de chapelure. Faire chauffer quatre-vingt-dix cents d'huile d'arachide dans une poêle à fond épais, et faire frire à feu doux les côtelettes pendant quatre-vingt-quatorze cents de gaz. »

La ville de Côme a dédié à Maestro Martino une rue, non loin de l'ancienne « contrada dei Fiori », plus tard rebaptisée via Santo Garovaglio. Santo Garovaglio n'est pas un saint, mais un naturaliste du XIXe siècle, un de ces « heureux explorateurs de la nature » marchant sur les traces de Pline l'Ancien, lequel forme avec Pline le Jeune le plus vieux couple de Comasques illustres. (Si les deux Pline étaient encore vivants, l'un comme l'autre auraient aujourd'hui dans les deux mille ans, et il serait bien difficile de distinguer l'Ancien du Jeune.) À Alessandro Volta, qui n'a pas inventé que la pile électrique, mais aussi les gnocchi de pommes de terre, Côme a dédié un temple au bord du lac, rien de moins... Mais ce que je voulais dire, c'est que Santo, c'est juste le prénom du professeur et commandeur Garovaglio (1805-1882), qu'on appelait Santino quand il était petit. C'est dans cette rue-là que je suis né, dans une maison qui, par une chance que la plupart n'ont pas, est restée exactement pareille à ce qu'elle était autrefois.

Du temps où je vivais dans la via Santo Garovaglio, il y avait à Côme trois choses célèbres : *el domm* (la cathédrale), *la rana* (la grenouille) et *i tett de la Besana* (les nichons de la Besana). La Besana était une marchande de fleurs qui tenait son étalage non loin du batracien légendaire sculpté près de la porte latérale de la cathédrale, et elle aussi était devenue légendaire en vertu de sa magnifique poitrine.

Je m'engage dans la via Maestro Martino, une rue ancienne et étroite, qui monte légèrement et qui s'arrête sur la paroi à pic du mont Brunate. Voici la pharmacie Barazzoni, le café Lario, le garage, le boulanger, le barbier Montòrfano ; et voici enfin un restaurant : une vieille trattoria, hélas « rénovée ».

J'entre. La salle à manger est vide, il est à peine onze heures. Qui sait ? peut-être que, quand j'étais petit, mon père, Tommaso de son nom de baptême mais que tout le monde appelait Paolino, m'a amené manger ici. Un *coquo*, comme dit Maestro Martino – un cuisinier –, pointe le bout de son nez à travers une sorte de niche qui sert à passer les plats : il est âgé, il porte une toque blanche, il me salue gentiment.

Je lui parle de Martino, et du livre de recettes qu'on lui doit.

« On pourrait peut-être reprendre certains plats, suivre certaines suggestions. Par exemple, sur une friture d'aloses. » (« Ces petits poissons dont les habitants de Côme sont si fiers », disait un ami de Garovaglio), plutôt que du citron, Martino conseille de presser le jus d'une orange. Qu'en dites-vous ? »

Le vieil homme secoue sa haute toque blanche.

« C'est pas la saison des aloses, en ce moment.

– Que pensez-vous du fait de donner le nom d'un cuisinier à une rue ? Vous ne trouvez pas que la ville de Côme a eu là une idée intelligente, qui prouve ses bonnes manières ?

– Non, dit-il. Et il réfléchit un moment avant de conclure : le cuisinier n'est qu'une bonne. »

Sans doute ne s'agit-il que de l'expression d'un dépit momentané, mais tout de même, hélas ! quelle tristesse, ce manque de confiance d'un cuisinier dans son propre métier !

Tout en se remettant au travail, le cuisinier m'invite à revenir faire un tour à la saison des aloses, histoire de voir ce que ça donne avec du jus d'orange.

Je sors du restaurant. Mais je ne suis plus dans la via Maestro Martino. En réalité, il n'y a aucune rue qui porte ce nom-là à Côme, comme il n'y a, que je sache, aucune rue Carême ou Escoffier à Paris. Rien de tel n'existe. Il y a la via Santo Garovaglio, il y a le lac, ourlé d'immondices flottantes, il y a le soleil, et il y a le funiculaire qui va tout là-haut. Mais de via Maestro Martino, point[1].

1. À dire vrai, il y avait une rue Carême à Paris, et elle était située exactement là où il faut : elle traversait les Halles de part en part. Mais elle a disparu avec la destruction de ce si beau marché.

TRANSCODÉ ET
ACHEVÉ D'IMPRIMER
EN JANVIER 2003
SUR LES PRESSES DE
CORLET IMPRIMEUR
À CONDÉ-SUR-NOIREAU
CALVADOS

Numéro d'éditeur : 0601
Numéro d'imprimeur : 62856
Dépôt légal : janvier 2003
Imprimé en France